MAINE
VERMONT
NEW HAMPSHIRE
MASSACHUSETTS
RHODE ISLAND
CONNECTICUT
NEW YORK
NEW JERSEY
PENNSYLVANIA
MARYLAND
DELAWARE
WISCONSIN
MINNESOTA
MICHIGAN
IOWA
ILLINOIS
INDIANA
OHIO
WEST VIRGINIA
VIRGINIA
KANSAS
MISSOURI
KENTUCKY
NORTH CAROLINA
TENNESSEE
OKLAHOMA
ARKANSAS
SOUTH CAROLINA
ALABAMA
GEORGIA
MISSISSIPPI
LOUISIANA
FLORIDA

TRAUMZIEL AMERIKA

HAWAII

Überhaupt sind Blumen aus dem hawaiischen Leben
nicht wegzudenken. Kaum ein Haus, das nicht von
leuchtender Blumenpracht umgeben ist. Die Blumen selbst
schmücken Haar und Schulter der hawaiischen Frauen.
Bei festlichen Anlässen oder bei Ankunft von Besuchern werden
leis unter Umarmungen und Wangenküssen umgehängt.
Aus alten Liedern und Legenden übernommen, werden
den Kindern häufig Blumennamen gegeben.

Günter Nelles, 1992

Sunset Beach an der Nordküste von O'ahu ist einer der berühmten Surfstrände Hawai'is.

Der schmale Hana Highway (Maui) führt durch dichte Urwälder, in denen versteckte Wasserfälle zu Tal stürzen.

Auf der 400 Meter hohen Plattform des Nu‘uanu Pali Lookout blickt man weit über den östlichen Teil der Insel O‘ahu.

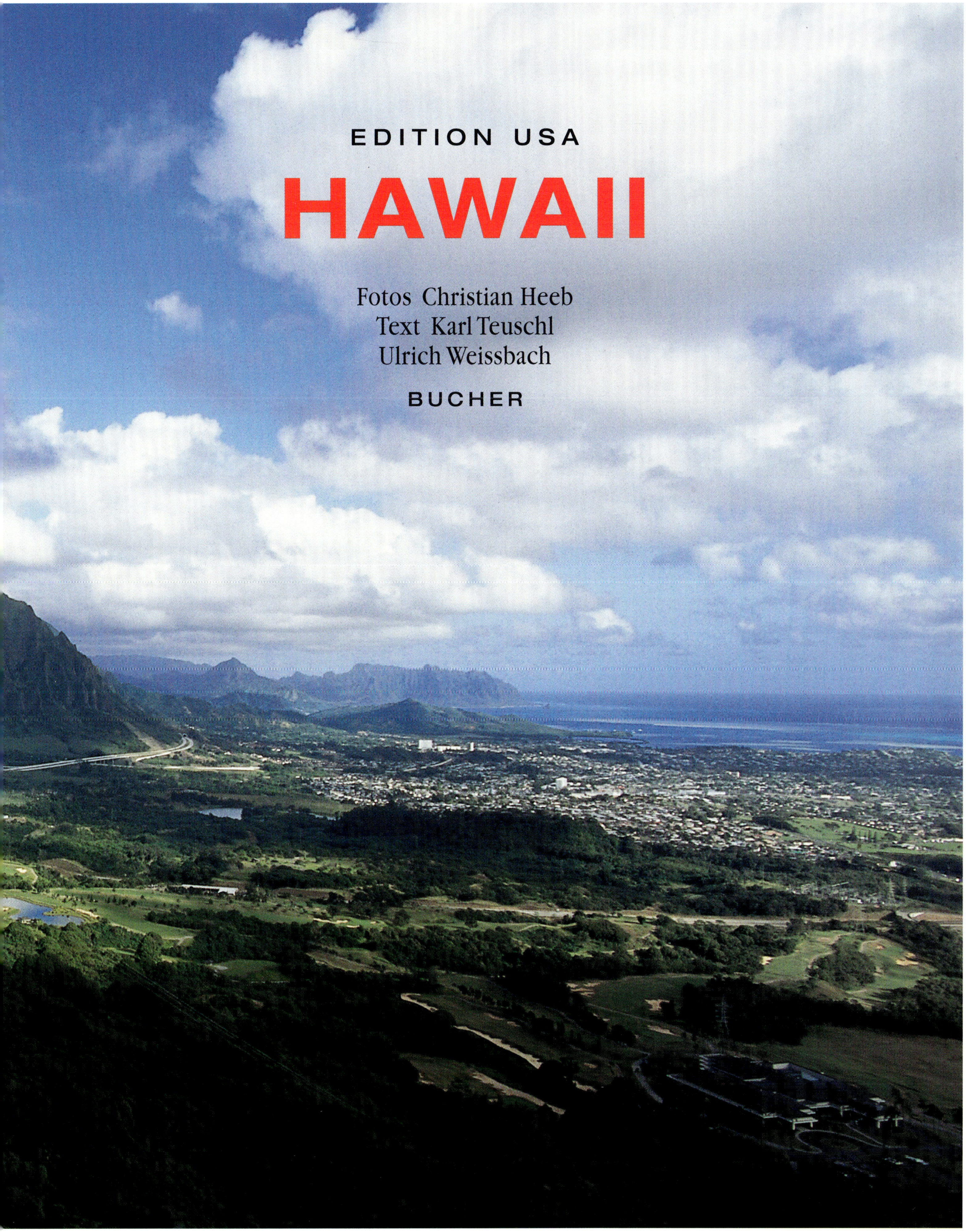

EDITION USA

HAWAII

Fotos Christian Heeb
Text Karl Teuschl
Ulrich Weissbach

BUCHER

INHALT

PLANEN · REISEN · GENIESSEN

Großer Reiseführer von *Karl Teuschl* mit praktischen Tips für einen erlebnisreichen Urlaub und vielen Informationen über die touristischen Highlights auf den Hawai'i-Inseln. Mit sechs Farbkarten.

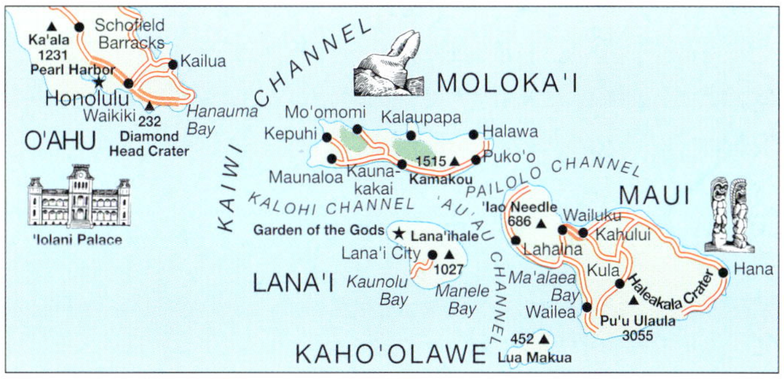

Links: Surfer am Sandy Beach auf O'ahu.
Mitte: Krabbenfischer bei Kahulu'u auf O'ahu.
Rechts: Blütenpracht bei Papa'aloa auf Big Island.

Abendstimmung am Strand des Kuhio Beach Park in Waikiki auf O‘ahu.

Im üppigen Grün des tief eingeschnittenen Waimea Canyon auf Kaua'i verbergen sich seltene Pflanzen.

AUS FEUER UND WASSER GEBOREN

Die Ukulele, auf der die Sängerin sich begleitet, gehört zur hawaiischen Musik wie die Gitarre. Die alten Lieder vermitteln einen Eindruck von der wohlklingenden polynesischen Sprache der Insulaner, die heute leider nur noch wenige sprechen.

Nach zweitägigem beschwerlichen Aufstieg hatte die Expedition mit Packpferden ihr Ziel erreicht. Die Sonne war schon lange hinter dem über 4000 Meter hohen Kegel des Mauna Loa versunken. In der einsetzenden Dämmerung konnte man die Nebelschwaden über dem Kilauea-Krater rötlich leuchten sehen. Schwefelgeruch hing in der Luft. Dumpfes Grollen und Rumpeln drang ans Ohr. Bei jedem Schritt im grauschwarzen Lavastaub spürten Mensch und Pferd das bedrohliche Vibrieren im Untergrund. Dann endlich der Blick über den Kraterrand: «Ich habe den Vesuv gesehen, aber das war nur ein Spielzeug, ein Kindervulkan, ein Suppentopf im Vergleich zu diesem ...», schrieb Samuel Langhorne Clemens (1835–1910) danach in sein Tagebuch.

Der amerikanische Zeitungsreporter, der später unter dem Pseudonym Mark Twain berühmt wurde, hatte anno 1866 an einer Expedition zu den Vulkanen der Insel Hawai'i teilgenommen. Auf der größten Insel der gleichnamigen Gruppe war gerade der Kilauea aktiv, ein Nebenkrater am Osthang des gewaltigen Mauna Loa. Auch dessen Ausmaße waren noch beeindruckend genug: «Hier war eine gähnende Grube, auf deren Grund die Armeen Rußlands hätten kampieren können, und sie hätten noch reichlich Platz gehabt.» Fast vier Kilometer Durchmesser hatte das Kraterbecken, in dem sich ein weiterer, kleinerer Krater auftat, der Halema'uma'u. Er bildete das Zentrum der Aktivität, in seinem Becken brodelte Lava und brandete die Kraterwände hoch. Mark Twain war von dem urweltlichen Spektakel überwältigt: «Über eine Quadratmeile war geringelt und gesträhnt und gestreift mit Tausenden verzweigten Strömen flüssigen und prächtig funkelnden Feuers! Es sah aus wie eine kolossale Straßenkarte des Staates Massachusetts, die aus Lichterketten am Mitternachtshimmel gebildet wurde. Man stelle sich vor – ein pechschwarzer Himmel, durchzittert von einem wirren Netzwerk zornigen Feuers.»

Wo vor über hundert Jahren Mark Twain in den Vorhof der Hölle schaute, liegt heute eine Aussichtsplattform. Hunderte von Touristen besuchen täglich den Hawai'i Volcanoes National Park und starren fasziniert in das riesige Kilauea-Becken. Aus Bodenspalten aufsteigende Schwefelschwaden lassen ahnen, daß unter dem dünnen Deckel schwarzer Lavakruste immer noch ein See aus flüssigem Magma kocht. Die Lava hat sich nur andere Wege gesucht und tritt wenige Kilometer entfernt durch ein neues Höllenloch an die Oberfläche. Von dort fließt sie dann, mal mehr, mal weniger vehement, zur Küste und ins Meer, wo sie sich brodelnd und zischend mit dem feindlichen Element vermengt.

PARADIES DER POLYNESIER

Kein anderer Ort der Erde wurde und wird noch heute so von vulkanischer Aktivität geprägt wie Hawai'i. Vulkane als Sinnbild der Schöpfung, als Beispiel für Werden und

Auf der Terrasse des «Sheraton Moana Surfrider Hotel» in Waikiki auf O'ahu kann man es sich gutgehen lassen und bei einem kühlen Drink das Treiben am Strand beobachten.

Flankiert von zahllosen Hotels, reihen sich in Waikiki die Strände aneinander, hier der Kuhio Beach Park. Mehr als 80 Prozent der Besucher Hawai'is verbringen in diesem mondänen Stadtteil Honolulus (O'ahu) ihren Urlaub.

Vergehen, Anfang und Ende der Welt üben eine starke Anziehungskraft aus. Auf die Hawai'i-Touristen von heute ebenso wie auf die ersten Siedler. Der Feuerschein der Vulkane wies schon den Polynesiern den Weg, die sich vor rund fünfzehnhundert Jahren, in ihren Segelkanus aus dem Südpazifik kommend, den Inseln näherten (siehe Seite 30). In Hawai'i glaubten sie, ihr legendäres Paradies Hawai'iki wiedergefunden zu haben. Jenen Ort, wo die Seelen der Verstorbenen hingehen, wo Geburt und Tod, Anfang und Ende der Schöpfung wieder zusammenfinden. Was sie als erstes sahen von der großen Insel, war die rotglühende Lava, die aus den Bergen ins Meer floß. Es war die Bestätigung ihres uralten Mythos vom Land, das aus Feuer und Wasser geboren wird.

Dem Glauben der Polynesier nach wohnte unter der Erdoberfläche die Feuergöttin Pele, deren Zorn sich in verheerenden Eruptionen entlud. Noch heute legen die hawaiischen Nachfahren der Polynesier Blumen am Rand der Kilauea Caldera nieder, zur Besänftigung von «Madame Pele», wie sie respektvoll genannt wird. Aus dem Chaos und der Finsternis entstanden nach polynesischer Legende zuerst Licht und Schall, dann die Feststoffe und schließlich die Welt in ihrer ganzen Vielfalt. Der Gott Maui, nach dem eine der Inseln Hawai'is benannt wurde, soll den Archipel aus dem Meer gefischt haben. Maui brachte den Menschen das Feuer und war der Herr aller Vulkane. Von ihm stammen die anderen Gestalten des hawaiischen Götterhimmels ab: Ku, der Gott der männlichen Zeugungskraft, der zugleich Gott des Krieges war. Kane, der aus Erde den ersten Menschen schuf und ihm das Leben einhauchte. Lono, der die Elemente Regen, Wind und Meer beherrschte. Und Kanaloa, der Schutzgott des Heilens und Herr über die Erdgeister und das Totenreich.

Wailua ist fern vom Trubel Waikikis. Hier auf Big Island geht es weitaus ruhiger zu, und Zeit für ein Schwätzchen bleibt allemal.

Kanus am Strand der Maunalua Bay im Süden von O'ahu. Das Paddeln in den durch einen Ausleger stabilisierten Booten galt bei den Polynesiern als Sport der Adeligen. Früher wurden die Kanus aus den Stämmen der Koabäume gehauen, heute bestehen sie aus mit Glasfaser verstärktem Kunststoff.

Die ersten polynesischen Siedler begründeten auf den Inseln die hawaiische Kultur, die über tausend Jahre Bestand hatte. Ihr Gesellschaftssystem basierte auf einer Häuptlingsaristokratie, die dem europäischen Feudalsystem nicht unähnlich war. Als Adelskaste standen die *Ali'i* über dem gemeinen Volk der *Maka'ainana*, das ihnen tributpflichtig war. In Friedenszeiten bestellten die Maka'ainana das Land, gingen zur Jagd und betrieben Fischfang. Im Krieg stellten sie die Soldaten für die Heere der Ali'i. Die mächtigsten Häuptlinge nahmen den Rang von Königen ein, die ganze Inseln regierten und Eroberungskriege gegen andere Inseln führten. An ihrer Seite standen die *Kahuna*, eine Kaste von Priestern und Medizinmännern, die man heute Berater im Führungsstab nennen würde. Die Kahuna achteten auf die Einhaltung der *Kapus*, der hawaiischen Moralgesetze, die alle Lebensbereiche von der Geburt bis zum Tod regelten. Der Begriff «Kapu» ist vom gleichen Wortstamm abzuleiten wie das *Tapu* auf Tahiti, wo die Siedler der zweiten Einwanderungswelle herkamen.

Der Name «Waikiki» bedeutet soviel wie «sprudelndes Wasser». Zum Ausklang eines heißen Strandtages erfrischt die Katzenwäsche aus der sprudelnden Dusche am Strand des Kuhio Beach Park.

Von den Kontinenten Asien und Amerika Tausende von Seemeilen entfernt, entwickelte sich die hawaiische Kultur für Jahrhunderte isoliert in der Weite des Pazifiks. Bis zum 18. Januar 1778, als der britische Captain James Cook (1728–1779) während seiner dritten großen Pazifikreise die Inseln für die westliche Welt entdeckte. Auf der Rückreise von Alaska legte er ein Jahr später in der Kealakekua Bay an der Westküste der großen Insel Hawai'i an. Die Insulaner empfingen Cook mit äußerster Hochachtung, sie glaubten, in ihm ihren Gott Lono wiederzuerkennen. Seine Mannschaft wurde wochenlang fürstlich verpflegt und von hawaiischen Mädchen unterhalten. Die erste Begegnung zwischen Europäern und Hawaiianern hätte nicht glücklicher verlaufen können, wenn nicht aufgrund eines Mißverständnisses die Stimmung der Hawaiianer plötzlich in abrupte Feindseligkeit umgekippt wäre. Cook und einige seiner Männer wurden ermordet, der Rest segelte hastig davon.

VOM KÖNIGREICH ZUM BUNDESSTAAT

Cooks Entdeckung hatte Hawai'i auf die Weltkarte gebracht. Die natürlichen Häfen der Inseln lagen wie geschaffen als Zwischenstationen für den aufblühenden

Handel zwischen Amerika und Asien. Den ersten Entdeckern folgten bald weiße Händler, Walfänger und Pflanzer. Die Walfänger legten im Winter zwischen ihren Fangzeiten an, um Proviant aufzunehmen, die Schiffe zu überholen und der Mannschaft Erholung zu gönnen. Große amerikanische Handelshäuser errichteten ihre Filialen auf O'ahu, Honolulu stieg zum Wirtschaftszentrum und Verwaltungssitz einer inoffiziellen amerikanischen Kolonie auf.

Gleichzeitig ließen sich auf allen Inseln Pflanzer nieder, deren Zuckerrohrplantagen sich bis Mitte des vergangenen Jahrhunderts zum größten Wirtschaftszweig in Hawai'i entwickelten. Auch deutsche Auswanderer mischten mit im stürmischen Aufschwung, allen voran ein Hannoveraner namens Claus Spreckels, der Ende des vergangenen Jahrhunderts mit einer riesigen Plantage auf Maui zum »Zuckerkönig von Hawai'i« aufstieg.

Schon zu Cooks Zeiten machte einer der vielen rivalisierenden hawaiischen Häuptlinge von sich reden. Er hieß Kamehameha (um 1758–1819) und hatte den brennenden Ehrgeiz, nicht nur seine Heimatinsel Hawai'i, sondern die ganze Inselgruppe unter seine Herrschaft zu bringen. Mit Hilfe der von den weißen Siedlern eingeführten Feuerwaffen und weißer Kriegsberater gelang ihm dies schließlich auch. In zähen Inselkriegen eroberte er zwischen 1795 und 1810 alle acht Inseln des Archipels und schwang sich zum ersten König von Hawai'i auf, der als Kamehameha der Große in die Geschichte einging. Die Dynastie seiner Nachkommen regierte fast hundert Jahre lang einen nach außen hin selbständigen, aber doch zunehmend von eingewanderten amerikanischen Geschäftsleuten dirigierten Marionettenstaat.

In Kailua-Kona, einem der ältesten Orte auf Big Island, schlüpft ein Kunstmaler kurz in die Rolle des Modells für den Fotografen. Den Pinsel hat er in der Hand behalten – gleich geht die Arbeit weiter.

Den größten Prunk entfaltete König Kalakaua (1836–1891), der als »Merry Monarch« in die Geschichte von Hawai'i einging. Während seiner Regentschaft von 1874 bis 1891 fanden im 'Iolani Palace, der königlichen Residenz im Herzen Honolulus, rauschende Ballnächte statt. Diplomaten und prominente Reisende aus aller Welt, wie etwa der schottische Schriftsteller Robert Louis Stevenson (1850–1894), gingen an Kalakauas Hofe ein und aus. Die lebenslustige hawaiische Kultur, von den puritanischen Missionaren zeitweise unterdrückt, wurde zu neuer Blüte erweckt.

Der deutschfreundliche König trat mit Vorliebe in preußischer Galauniform auf. Von einem Besuch bei Kaiser Wilhelm II. (1859–1941) in Berlin brachte er einen preußischen Schellenbaum mit, den die Royal Hawaiian Band heute noch stolz vor sich herträgt, wenn sie zum Sonntagskonzert vor dem 'Iolani Palace aufmarschiert. Selbst der Kapellmeister für die königliche Blaskapelle wurde in Deutschland engagiert: Heinrich Berger (1844–1929) komponierte 1876 zu dem vom König gedichteten Text die Musik der Nationalhymne Hawai'is, »Hawai'i Pono'i«.

So hätte sich eine märchenhafte, den Erdball umspannende deutsch-hawaiische Freundschaft anbahnen können, doch die realen Machtverhältnisse standen dagegen. Die mehrheitlich amerikanischen Landbesitzer drängten auf eine Annexion der Inseln durch die USA. Schon unter Kalakauas Vorgängern hatten sie den ahnungslosen Hawaiianern große Flächen Land abgekauft, bis zur Jahrhundertwende gehörten ihnen bereits 80 Prozent allen Privatlandes. Von einem Anschluß an die USA erhofften sie sich für ihren Zuckerrohrexport ungehinderten Zugang zum amerikanischen Markt.

Am 30. Juni 1887 entmachteten die Amerikaner den Märchenkönig und setzten eine neue Verfassung durch, die nur den Landbesitzern – und damit mehrheitlich den

Fortsetzung Seite 24

Man fühlt sich ins Paradies auf Erden versetzt – so viele schöne, heitere Menschen begegnen einem auf den Inseln. Die Züge der Hawaiianer lassen die unterschiedliche Herkunft ihrer polynesischen, asiatischen und europäischen Vorfahren ahnen.

Die Hulatänzerin im Royal Lahaina Resort auf Maui führt traditionelle Tänze vor, die ursprünglich den Männern vorbehalten waren.

An der Ostspitze von O'ahu liegt zu Füßen von über 300 Meter hohen Felsen der Makapu'u Beach Park.

Für Surfer gibt es an der Nordküste von O'ahu die besten Strände der Welt. Auf die Wellen, die sich hier an Wintertagen bis zur Höhe mehrstöckiger Häuser auftürmen, wagen sich nur die erfahrensten und mutigsten Sportler.

Im gewaltigen Meerwasserbecken des Sea Life Park an der Ostspitze von O'ahu tummeln sich Delphine. Stets gut besucht sind die Vorführungen, bei denen die gelehrigen Tiere ihre erstaunlichen Fähigkeiten unter Beweis stellen.

HE'ENALU – DER TANZ AUF DEN WELLEN

Aus der Geschichte des Surfsports

Surfen, der alte hawaiische Königssport, ist heute weltweit zum Trendsport geworden. Die besten Bedingungen für den Ritt auf den Wellen finden die durchtrainierten Profisurfer aber nach wie vor an den Nordküsten der Hawai'i-Inseln.

«Ein brauner Merkur, der, stolz auf schwindelnden Gipfeln ruhend, die Füße im wirbelnden Schaum, auf dem brüllenden Meere reitend durch die Luft fliegt» – göttergleich sah der Schriftsteller Jack London Ende des 19. Jahrhunderts die Surfer auf Hawai'i, und staunend betrachtete er ihre Kunst, die Wellen auf Brettern aus Koaholz zu beherrschen. Jahre später versuchte er selbst den wilden Ritt auf dem Wasser und verspürte «ein überwältigendes Hochgefühl». Ob der Hawai'i-Entdecker Captain James Cook, der Schriftsteller Mark Twain oder andere Zeitgenossen, sie alle waren begeistert von den Hawaiianern und ihrer perfekten Körperbeherrschung beim Spiel mit dem Brett und den Wellen.

1

2

Für die Hawaiianer war Surfen von jeher nicht nur Sport und Freizeitvergnügen, sondern Kunst und eine ganze Philosophie. Sie konnten sich beim Surfen regelrecht in Trance versetzen: In der vollkommenen Harmonie mit den Wellen verschmolzen sie mit der Natur, waren sie eins mit dem Universum. Surfen war ein Ritual, und *He'enalu*, wie man den Wellentanz auf Hawai'i nannte, war der Sport der Könige. Über Generationen hinweg erzählten die polynesischen Inselbewohner ehrfürchtig von den Surfkünsten ihrer Herrscher, von sagenumwobenen Wettbewerben der besten Wellenreiter. Die kräftig gebauten Adligen Hawai'is waren tatsächlich oft die besten Surfer; sie hatten die meiste Kraft, das schwere Brett zu beherrschen. Ihnen waren die besten Strände vorbehalten: Waikiki und Waimea Bay, Hale'iwa, Kailua Bay und Sunset Point. Noch heute gelten die bevorzugten Buchten der Könige als Dorado für Surfer aus der ganzen Welt.

Als um 1820 die ersten Missionare nach Hawai'i kamen, war es erst einmal vorbei mit der Begeisterung für den Tanz auf den Wellen. Unter den prüden Predigern war das lebensfrohe Treiben schnell verpönt. Wie konnten diese «halbnackten Wilden» auch so schamlos ihre Zeit vergeuden! Fast ein Jahrhundert lang wurde so die Tradition des He'enalu unterdrückt. Erst zu Beginn unseres Jahrhunderts erlebte das Surfen eine glanzvolle Renaissance. Maßgeblichen Anteil daran hatte das Sportidol Duke Kahanamoku (1890–1968). Der Hawaiianer, der sich 1912 und 1920 als Schwimmchampion Gold bei den Olympischen Spielen erkämpfte, begeisterte mit seinen Surfkünsten in den USA und Australien Tausende Zuschauer und Nachahmer.

Heute hat sich das Surfen längst weltweit seinen festen Platz bei den Massensportarten erobert. Und die Surfstrände Hawai'is gelten immer noch als die besten der Welt. Weil dem Archipel kein Kontinentalschelf vorgelagert ist, kann die Pazifikdünung ungebremst auf den Strand zuwogen und sich zu den höchsten Brandungswellen der Erde auftürmen. Zehn bis 15 Meter hohe Wasserwände sind hier im Winter keine Seltenheit. Kein Wunder also, daß Hawai'i der Ort ist, an dem die weltbesten Surfer ihre Kräfte messen. Besaßen die Hawaiianer früher noch schwere Bretter aus dem Holz der in Hawai'i wachsenden Koabäume, die bis zu sechs Meter lang und über 150 Pfund schwer waren, so erscheint die Ausrüstung der heutigen Surfer unglaublich leicht. Nur noch 15 bis 18 Pfund bringen die etwa zwei Meter kurzen Boards aus Fiberglas auf die Waage.

Die Punktrichter bei Wettbewerben benoten heute unter anderem die Haltung der Sportler, verschiedene Figuren und häufiges Wechseln der Surfrichtung. Wer den äußerst schwierigen «Ritt durch die Röhre» in einer sich überschlagenden Welle schafft, hat die meisten Punkte gut. Wettbewerbe finden in Hawai'i hauptsächlich von Ende November bis Mitte Dezember im Norden O'ahus statt. Als glanzvoller Schlußpunkt der internationalen Surfmeisterschaften gilt heute die hawaiische «Professional Championship». Wer dabei nach harten Kämpfen mit wahren Mörderwogen als Meister hervorgeht, kann sich wirklich als der König aller Surfer fühlen.

3

1 Duke Kahanamoku auf dem Surfbrett. 2 Surfer in der Waimea Bay. – 3 Kahanamoku 1920 als Olympiasieger.

Buckelwale vor der Küste von Maui. Die nach den Höckern auf Kopf und Brustfinne benannten Meeressäuger wandern den Sommer über in kleinen Gruppen in südliche Gewässer, um hier ihren Nachwuchs zur Welt zu bringen.

Weißen – das Wahlrecht zuerkannte. Die landlosen Ureinwohner waren endgültig im Abseits; nicht zu Unrecht vergleichen sie ihr Schicksal noch heute mit dem der Indianer auf dem amerikanischen Festland. 1894 wurde der Missionarssohn Sanford B. Dole (1844–1926) zum ersten Präsidenten der Republik Hawai'i gewählt; sechs Jahre später wehte das Sternenbanner über dem nunmehr offiziell von den USA annektierten Territorium.

Es sollte jedoch noch bis 1959 dauern, ehe Hawai'i endgültig als fünfzigster Bundesstaat in die USA integriert wurde. Dazwischen lagen zwei Weltkriege und der schicksalhafte Luftangriff der Japaner auf den amerikanischen Flottenstützpunkt Pearl Harbor vom 7. Dezember 1941. Er löste den Kriegseintritt der USA aus, deren Streitkräfte in einem blutigen Ringen die japanische Expansion im Pazifik während des Zweiten Weltkriegs aufhielten. Pearl Harbor aber lebt als amerikanisches Trauma und Legende fort. Hunderttausende von Veteranen pilgern jährlich zum Arizona Memorial im Hafen von Pearl Harbor. In dem weißen Gebäude über dem versenkten gleichnamigen Schlachtschiff treffen sie dann auf ihre ehemaligen Gegner. Japanische Touristen haben maßgeblich zur rasanten Entwicklung des Tourismus in Hawai'i und zum Immobilienboom der späten achtziger und frühen neunziger Jahre beigetragen.

SCHMELZTIEGEL DER KULTUREN

Japaner und andere Asiaten haben aber schon viel früher das Gesicht der Inseln geprägt. Als die Zuckerbarone des vergangenen Jahrhunderts Landarbeiter für ihre Plantagen anwarben, kamen neben Portugiesen und Deutschen auch Chinesen, Filipinos und viele Gastarbeiter aus Japan. Sie wurden von den Amerikanern «AJAs» genannt, *Americans of Japanese Ancestry*. Wenngleich die «AJAs» mehrheitlich loyal zur US-Regierung standen, wurden sie während des Zweiten Weltkriegs interniert und erst nach Kriegsende rehabilitiert.

Asiaten sind eine von drei Zutaten in dem bunten ethnischen und kulturellen Cocktail, der Hawai'i so einzigartig macht. Die Mischung aus polynesischer Lebensfreude, asiatischem Geschäftssinn und dem *American way of life* hat ein ganz bestimmtes Lebensgefühl hervorgebracht, das die Einheimischen vage als *Aloha spirit* umschreiben. Der multikulturelle Geist Hawai'is schlägt sich in allen Lebensbereichen nieder und kommt der Zukunftsvision einer universalen Weltgesellschaft vielleicht am nächsten. Nirgendwo auf unserer Erde trifft das Schlagwort vom «Schmelztiegel der Rassen» so zu wie in Hawai'i.

Das hat schon der weltreisende Schriftsteller William Somerset Maugham (1874–1965) so empfunden, als er sich das bunte Treiben auf den Boulevards von Honolulu besah: «Es ist der Treffpunkt zwischen Ost und West. Das

Im Hafen von Lahaina auf Maui erinnert die «Carthaginian II», die Nachbildung eines Frachters aus dem 19. Jahrhundert, an die Zeiten der großen Segelschiffe. An Bord ist eine Ausstellung über Wale und den Walfang zu sehen.

An den Wailua Falls auf Kaua'i sollen einst die Häuptlinge zum Beweis ihres Mutes gut 30 Meter in die Tiefe gesprungen sein.

Das «Pioneer Inn» am Hafen von Lahaina ist das älteste Hotel auf Maui. Es wurde 1901 erbaut und gehört noch heute der Gründerfamilie. Dank seiner romantischen Ausstrahlung ist es sehr beliebt.

Honolulu war der Heimathafen des Viermasters «Falls of Clyde», der 1878 in Glasgow gebaut wurde und im Pazifik erst als Passagierschiff, dann als Frachter im Einsatz war. Mit Hilfe von Spenden wurde er restauriert und kann besichtigt werden.

Das historische Stadtbild von Lahaina zieht viele Besucher an. Sie erwecken die im letzten Jahrhundert von Seeleuten überschwemmte Hafenstadt aus dem Dornröschenschlaf, in den sie nach dem Niedergang des Walfangs versunken war (oben und unten).

Allerneueste vermengt sich hier mit dem unermeßlich Alten. Und wenn du hier auch nicht die Romantik findest, die du erwartest hast, dann bist du doch auf etwas einmalig Faszinierendes gestoßen. All diese fremden Leute leben dicht beieinander, mit verschiedenen Sprachen und verschiedenen Gedanken; sie glauben an verschiedene Götter, und sie haben unterschiedliche Werte; nur zwei Leidenschaften teilen sie alle: Liebe und Gier. Und irgendwie, wenn du sie beobachtest, hast du den Eindruck einer außerordentlichen Vitalität.»

GRANDIOSE URLANDSCHAFTEN

Der menschlichen Vitalität Hawai'is entspricht eine außerordentliche Vielfalt und Dramatik der Natur. Sie setzt sich, durch menschliche Eingriffe kaum gezähmt, auf allen Inseln höchst eindrucksvoll in Szene. Dazu braucht sie nicht einmal die feuerspeienden Vulkane Big Islands. Sie beeindruckt auch durch viele andere spektakuläre Landschaftsformen: grün bewachsene, malerisch gefaltete Bergrücken, tief herabstürzende Wasserfälle oder endlose Sandstrände. Die meisten Phänomene lassen sich auf die vulkanische Entstehung der Inseln zurückführen; die Erosion durch Regen, Wellen und Wind tat ein übriges.

Kaum hat der Besucher auf achtspurigen Highways die Wohntürme Honolulus hinter sich gelassen, findet er sich überrascht in üppigster tropischer Natur wieder. Dieser Kontrast zwischen amerikanischer Hyperzivilisation und archaischer Urlandschaft ist immer wieder frappierend. Die ruhenden oder erloschenen Schildvulkane haben den Inseln ihre charakteristischen Konturen gegeben. Unscheinbar in ihrer Gestalt, aber mächtig in ihren Ausmaßen, bilden sie die höchsten Erhebungen im ganzen Pazifik. Big Island könnte man sogar die größten Bergmassive der Erde zuschreiben, ragen doch die beiden Vulkane Mauna Kea und Mauna Loa, vom Meeresboden aus gerechnet, 9000 Meter in die Höhe; 4000 Meter sind es immer noch über dem Wasserspiegel.

Durch kleinere Vulkanausbrüche wurden am Hang oder in den Kraterbecken der vulkanischen Berge rotbraune Aschekegel aufgeworfen. Sie geben den jüngeren Vulkanregionen auf Maui und Big Island das gespenstische Aussehen von Mondlandschaften. Da auch die Bodenbeschaffenheit der des Mondes ähnelt, trainierten die Apollo-Astronauten ihren *moon walk*, die Fortbewegung auf der Oberfläche des Erdtrabanten, zuerst im gewaltigen Krater des Haleakala auf Maui.

Die erstarrten dunkelbraunen bis tiefschwarzen Lavaströme der jüngsten Ausbrüche, die über die Kraterhänge von Big Island zum Meer geflossen sind, demonstrieren anschaulich den Kreislauf von Werden und Vergehen in der Natur. Wie an den Jahresringen eines Baumes kann

Fortsetzung Seite 35

DAS GEFUNDENE PARADIES

Die Seefahrten der Polynesier

1

Hawai'iki oder auch Hawai'i nannten die Polynesier ihre mythologische Urheimat, ihr Paradies. Auf ihren weiten Seefahrten waren sie immer auf der Suche nach diesem Traumziel – bis sie um 500 n. Chr. einen einsamen, idyllischen Archipel mitten im Pazifik fanden und überzeugt waren: Dies ist Hawai'i.

Ursprünglich wohl aus Asien stammend, hatten sich die Polynesier nach einer Jahrtausende währenden Völkerwanderung über Birma und Malaysia schließlich in Indonesien niedergelassen. Aus den Wanderern wurden – bedingt durch die vielen Inseln der Region – immer bessere Seefahrer, die mit ihren Booten bald in alle Himmelsrichtungen ausschwärmten. Die Polynesier beherrschten die Seefahrt und die Kunst der Navigation so gut, daß sie sich Tausende von Meilen in den Pazifik hinauswagten und dort nach und nach eine gewaltige Region besiedelten: das «polynesische Dreieck». Das riesige Gebiet umfaßte den halben Südpazifik, es reichte von Neuseeland im Südwesten über Hawai'i im Norden bis zur Osterinsel im Osten. Dazwischen lagen, über Hunderte von Kilometern verstreut, viele Inselgruppen, wie Tonga, die Gesellschaftsinseln, die Cook-Inseln oder die Marquesas.

Von den Marquesas aus startete um 500 n. Chr. eine erste Gruppe Polynesier gen Norden. Mit ihren doppelrumpfigen Katamaranen waren sie bestens für eine lange Fahrt gerüstet. Die Boote bestanden aus zwei ausgehöhlten Stämmen, die durch eine Plattform verbunden waren, auf der auch das typische polynesische Segel in Form einer Krebsschere festgemacht war. Auf 18 bis 20 Meter Bootslänge waren bis zu sechzig Menschen untergebracht; für Frauen und Kinder gab es sogar eine kleine Hütte zum Schutz vor Sonne und Salzwasser. Alles, was zur Besiedelung einer neuen Insel nötig war, hatten die Polynesier bei sich: Pflanzensämlinge, Handwerkszeug, Angelgerät und sogar Haustiere. An guten Tagen, wenn das Wetter günstig war, legten sie bis zu 250 Kilometer pro Tag zurück. Und sie navigierten sicherer als später so mancher europäische Kapitän mitsamt Kompaß, Sextant und Seekarten.

In erster Linie orientierten sich die Seefahrer Ozeaniens an den sogenannten «Sternenwegen»: Man fixierte einzelne Sterne, die an ganz bestimmten Stellen am Horizont aufgingen und richtete sich nach ihnen. Ein Stück weiter erschien der nächste Stern, und so segelte man die von den Himmelskörpern bezeichnete Route entlang. Tagsüber diente der Stand der Sonne als Orientierungshilfe. Und wenn der Himmel bedeckt war, behalfen sich die geschickten Polynesier mit anderen Kenntnissen: Sie hielten sich an die Meerestemperaturen, die vorherrschenden Winde und die Ozeandünung, die in regelmäßigen Mustern den Pazifik überrollt, oder auch an «Tiefseeblitze», ein unterseeisches Phänomen, das bis heute nicht zu erklären ist.

3500 Kilometer nördlich der Marquesas stießen die Polynesier schließlich auf Land – Hawai'i. Sie fanden ein menschenleeres Paradies vor, das geradezu auf sie gewartet zu haben schien. Erst etwa um 1100 n. Chr. kamen erneut Polynesier, diesmal aus Tahiti, landeten an der Südspitze von Big Island und verdrängten die alten Bewohner. Bald begann ein reger Austausch zwischen Tahiti und Hawai'i, denn die neuen Siedler pflegten Sprache und Gebräuche ihrer alten Heimat über Generationen weiter. Zweihundert Jahre lang fuhren die Hawaiianer mit ihren Seekanus nach Tahiti und zurück, brachten neue Bewohner auf den Archipel, Nutzpflanzen und Haustiere. Heute noch heißt die Meerenge vor der Insel Lana'i «Kealakahiki», «Weg nach Tahiti».

2

Nach und nach entwickelten die Siedler ihre eigene Kultur und nabelten sich von Tahiti ab. Ihre Gesichtszüge und Körpermerkmale jedoch blieben eindeutig polynesisch: die bronzefarbene Haut, die schwarzen Haare, die hohen Wangenknochen, die stämmige Statur. Erst nachdem Captain James Cook im Jahr 1778 Hawai'i für die westliche Welt entdeckt hatte und auch Weiße und Asiaten die Inseln des Archipels zu bevölkern begannen, entstand das bunte Völkergemisch, das heute für Hawai'i so charakteristisch ist.

3

1 Die «Hokule'a», ein hochseetüchtiges Segelkanu nach alten Vorbildern. – 2 Vor der Küste von Kaua'i. – 3 Aufbruch von Hawai'i (Darstellung von John Webber, 1779).

Am Ende der großartigen Strecke entlang dem Waimea Canyon auf Kaua'i kommt man in den Koke'e State Park. Hier lädt ein dichtes Netz von Wanderwegen ein, die schönen Wälder in allen Himmelsrichtungen zu durchstreifen.

Das Wai'oli Mission House in Hanalei (Kaua'i) geht auf die erste Hälfte des 19. Jahrhunderts zurück. Die Einrichtung des Holzhauses stammt zum Teil noch von den Missionaren. Im Arbeitszimmer stehen sogar noch ihre Bücher.

Blick vom Hanalei Valley Lookout auf die Tarofelder zu beiden Seiten des Hanalei-Flusses auf Kaua'i.

Unterwegs auf dem Hana Highway, der an Mauis Nordküste von Kahului nach Hana führt. Die einsame Straße durchquert über Brücken und in zahllosen Kurven üppige Vegetation mit farbenprächtigen Blüten.

Ein schmaler Pfad führt zur Fern Grotto bei Wailua auf der Insel Kaua'i. In der von Farn überwucherten Höhle können sich romantische Hochzeitspärchen trauen lassen.

man an ihnen die Chronologie der Eruptionen ablesen. In verschiedenen Stadien zeigen sie die erstaunliche Metamorphose von verbrannter Erde, die erst zögerlich von kleinen Farnen überwachsen wird, sich dann langsam mit Buschwerk auffüllt und schließlich wieder von dichtem Regenwald überwuchert wird.

Die geologisch älteren Vulkankegel fallen durch ihre grün bewachsenen, malerisch-schroffen Konturen auf, so zum Beispiel der Diamond Head oder der Punchbowl Crater auf O'ahu. Ähnlich pittoresk sind die Klippen an den Nordküsten der Inseln, die bis zu 1000 Meter hoch in steinernem Faltenwurf vom Meer aufsteigen und zum unverwechselbaren Landschaftsbild Hawai'is gehören. Die *Pali*, wie der hawaiische Name für diese Klippen lautet, wurden über Jahrmillionen von Wind und Wetter aus den Bergflanken gewaschen. Typische Vertreter sind die wie ein Fächer hintereinander aufgereihten Klippen der Na Pali Coast auf Kaua'i.

Zu den typischen Hawai'i-Landschaften gehören auch die sattgrünen Täler, die sich wie Amphitheater zum Meer hin öffnen, wie zum Beispiel das 'Iao Valley auf Maui, das Halawa Valley auf Moloka'i und das Kalalau Valley auf Kaua'i. An ihrem oberen Ende stürzen Wasserfälle bis zu 300 Meter tief in unzugängliche Schluchten. Eine geologische Sonderstellung nimmt der Waimea Canyon auf Kaua'i ein, dessen bis zu 900 Meter abfallende Steilwände vom Waimea River und seinen Zuflüssen in den Abhang eines Schildvulkans gegraben wurden. Im Lauf von beinahe fünf Millionen Jahren entstand so im porösen vulkanischen Gestein die tiefste Schlucht des hawaiischen Archipels.

Was wäre das Urlaubsparadies Hawai'i ohne seine Strände? Schwärmerische Adjektive wie idyllisch, meilenweit oder palmenumrahmt geben nur ungenügend wieder, wie großzügig die Natur die Inseln mit Stränden ausgestattet hat. Sie entstanden aus feinem Gesteins- und Korallengeröll, das von der donnernden Brandung an den Küsten zermahlen wurde. Die Farben variieren je nach Gesteinsart von goldgelb bis hin zu pechschwarz, wenn die Brandung die Lava jüngerer Vulkanausbrüche zu Sand zermahlen hat.

Vor allem aber sind die Strände so reichlich über alle Inseln verteilt, daß keine Überfüllung mit Sonnenanbetern entstehen kann. Mit Ausnahme von Waikiki natürlich. Die Bilder vom Leibermeer am Paradestrand Honolulus täuschen aber nur darüber hinweg, daß schon wenige Kilometer außerhalb der Stadt die Küste von endlos langen und menschenleeren Stränden gesäumt ist. Trotz aller Einsamkeit hat aber der amerikanische Hang zu Komfort und Bequemlichkeit dafür gesorgt, daß in regelmäßigen Abständen gut gepflegte und bewachte Beach Parks mit Duschen, Toiletten und Grillplätzen angelegt wurden.

PARADIES UNTER EWIGER SONNE

»Hawai'i – endless summer« ist ein beliebter T-Shirt-Aufdruck, der das Lebensgefühl der wellensurfenden Jugend Hawai'is wiedergibt. Der Spruch vom endlosen Sommer könnte aber auch über dem täglichen Wetterbericht auf den Inseln stehen. Durch seine Lage in den tropischen Breiten des Pazifiks und die Abwesenheit größerer Landmassen gibt es in Hawai'i keine ausgeprägten Jahreszeiten und eigentlich auch keine richtige Regenzeit. Das Klima ist mild und ausgeglichen mit Temperaturen, die über das ganze Jahr nur zwischen 24 und 27 Grad Celsius schwanken. So beständig ist das Wetter, daß die Hotels an den Stränden der Westküsten fast eine ganzjährige Sonnengarantie geben können. Mark Twain schrieb schon 1873 über das Klima Hawai'is: »Nimm ein Thermometer und markiere, wo du das Quecksilber für immer und ewig, Sommer wie Winter, stehen haben möchtest (mit ein paar Grad Abweichung allenfalls). Wenn 27 Grad Celsius im Schatten deine Zahl ist (mit dem Privileg, in langen Intervallen zwei oder drei Grad nach oben oder unten zu wandern), dann baue dein Haus unten am Meer bei den Leuchtfeuern – und du kannst todsichere Wetten auf diese Temperatur abschließen.«

Hohe Felsklippen trennen die Halbinsel Kalaupapa vom Rest der Insel Moloka'i ab. Hier lebten seit 1865 die Leprakranken des Archipels. Zu Fuß oder auf dem Rücken eines Maultiers erreicht man die Kolonie über den steilen Kalaupapa Trail.

Während die Westküsten der Inseln von der Sonne verwöhnt werden, blasen an den Ost- und Nordküsten

Auf Moloka'i geht es noch beschaulich zu, denn der Tourismus ist bisher wenig entwickelt, und der Zauber der stillen Landschaft bleibt nahezu unbeeinträchtigt. Mehr als ein Drittel der Fläche Moloka'is wird von zwei großen Rinderfarmen genutzt.

die Passatwinde mit ähnlicher Beständigkeit Wolken und Niederschläge an die Berghänge, dort regnet es am meisten, und vor allem die mittleren Lagen sind fast ständig verhangen. An der Küste fällt der Regen meist in kurzen, heftigen Schauern. Die Unterschiede können so drastisch sein, daß zum Beispiel am Mount Wai'ale'ale auf Kaua'i bis zu 12 000 Millimeter Regen im Jahr gemessen werden, während die windabgewandten Küstenabschnitte der gleichen Insel – nur wenige Kilomter entfernt – das ganze Jahr über keinen einzigen Tropfen abbekommen. Entsprechend stark ist der Kontrast in der Vegetation. Die Grashänge der Westküsten sind wüstenartig braungebrannt und versteppt, während an den Ostküsten der Regenwald in üppigstem Grün mit einer Fülle von unterschiedlichen Arten wuchert.

Von Kala'e aus geht es auf einer geführten Tour zur Halbinsel Kalaupapa. Der Maultierritt auf dem steilen, schmalen Serpentinenweg ist abenteuerlich: Es holpert und schaukelt, und immer wieder blickt man in schwindelerregende Abgründe.

Hawai'is vielfältige und exotische Landschaften durften schon oftmals als Kulisse für Filme dienen, die ganz woanders, in Afrika, Südamerika, Asien oder der Südsee spielten. Für die Produzenten der Hollywood-Studios sind die Inseln ein Glücksfall. Nur fünf Flugstunden von Los Angeles entfernt, bieten sie einerseits dünn besiedelte, unverbaute Naturlandschaften, andererseits eine vertraute, US-amerikanische Infrastruktur ohne Sprachbarrieren. 1958 wurde in Hawai'i das Filmmusical «South Pacific» gedreht, es folgten in den sechziger und siebziger Jahren eine ganze Reihe von Elvis- und Musikfilmen, später dann Science-fiction- und Fantasy-Klassiker wie «King Kong», «Jäger des verlorenen Schatzes», «Indiana Jones» und der Piratenfilm «Hook». 1993 nahm das Produktionsteam Steven Spielbergs von der Insel Kaua'i Besitz und drehte dort den Megastreifen «Jurassic Park». Wo sonst hätten sich Spielbergs computererzeugte Dinosaurier glaubwürdiger bewegen können als vor dem Hintergrund der urzeitlichen Regenwälder dieser Insel?

Bei Kaunakakai, dem Hauptort an der Südküste von Moloka'i, liegen die meisten Siedlungen der «einsamen Insel». So nannte man Moloka'i, nachdem die Bevölkerung im 19. Jahrhundert stark zurückgegangen war.

KLIPPEN UND STRÄNDE: KAUA'I

Die nordwestlichste der acht großen Inseln Hawai'is erhielt wegen ihrer üppigen Vegetation den Beinamen «Garden Island». Zwar gibt es auf der geologisch ältesten Insel der Gruppe keine aktiven Vulkane mehr, sonst aber bietet sie fast alles, was Naturliebhaber und Fotografen an Hawai'i so begeistert: zerklüftete Küsten, grüne Berge, tief eingeschnittene Täler, Wasserfälle und Flüsse, fruchtbare Plantagen, Strände am laufenden Meter und sogar einen richtigen Canyon. Der rund 19 Kilometer lange Waimea Canyon kann zwar in seiner Ausdehnung nicht mit dem Grand Canyon auf dem Festland konkurrieren. Wenn jedoch seine bizarren Felswände im Licht der schrägstehenden Sonne rotbraun zu leuchten beginnen und mit dem satten Grün der Vegetation kontrastieren, ist seine Farbenpracht unvergleichlich.

Das landschaftliche Markenzeichen von Kaua'i sind aber die Na-Pali-Klippen im Norden der Insel. Die dicht hintereinander gefächerten Bergfalten fallen hier so unmittelbar und steil ins Meer, daß noch kein Straßenbauer es wagte, diesen Küstenabschnitt zu erschließen. Die meisten Touristen sehen sich dieses Naturwunder aus dem Hubschrauber oder vom Ausflugsboot aus an. Nur wenige gehen den legendären Kalalau Trail, einen Wanderweg, der in mehreren Tagesetappen und in ständigem Auf und Ab über ungezählte Klippen führt. Dazwischen liegen enge grüne Taleinschnitte, die am Meer zu halbmondförmigen kleinen Strandbuchten auslaufen.

Japaner, Chinesen und viele andere Einwanderergruppen verdingten sich auf den Plantagen der Insel, ein besonderes Kapitel aber schrieben hier die Deutschen: Paul Isenberg, der Sohn eines lutherischen Pastors aus Hannover, trieb als Präsident der «Hackfeld Company»

Maultier-Ranch in Kala'e. Die Nachkommen einer Pferdestute und eines Eselhengstes sind ausdauernd, geschickt, bedächtig und für die steilen Pfade von Moloka'i als Reit- und Lasttiere bestens geeignet.

den Zuckerrohranbau auf Kaua'i voran. Er holte weitere Hannoveraner nach, die sich in Lihu'e niederließen und dort eine deutsche Schule und eine lutherische Kirche errichteten. Auf den verwitterten Grabsteinen im Friedhof der Old Lutheran Church kann man heute noch ihre Namen lesen. Bis zur amerikanischen Annexion blieb Lihu'e eine der wenigen deutschen Enklaven im Pazifik.

Ebenfalls eine Besonderheit stellt die kleine Insel Ni'ihau vor der Westküste Kaua'is dar. Lange Zeit galt sie als die «verbotene Insel», da sie nur von den dort lebenden Hawaiianern betreten werden durfte. Noch heute ist die Insel im Privatbesitz einer Familie, deren Vorfahren sie 1864 dem König Kamehameha V. (1830–1872) abkauften. Die zweihundertdreißig Einwohner, zumeist Nachfahren der polynesischen Ureinwohner, leben sehr einfach von Rinder- und Schafzucht. Es gibt keine Elektrizität, keine Telefone und keine asphaltierten Straßen, der Besitz von Waffen und Alkohol ist verboten. Die Insel soll nach dem Willen ihrer Bewohner eine friedliche Enklave bleiben und vor den Schäden der Zivilisation bewahrt werden. Ihr einziges Zugeständnis an den Tourismus sind Helikopterflüge von Kaua'i, die Tagesbesucher zu einer kurzen Stippvisite bringen.

Ob auf O'ahu, auf Big Island oder auf Maui: Überall in Hawai'i findet man stimmungsvolle Szenen mit Blick aufs ruhige Meer und einen Sonnenuntergang in phantastischen Farben.

NABEL DER INSELWELT: O'AHU

In der «lieblichsten Flotte von Inseln, die in einem Ozean vor Anker liegen» (Mark Twain) schließt sich südlich von Kaua'i die Insel O'ahu an mit dem Verwaltungs- und Wirtschaftszentrum Honolulu. Von den 1,2 Millionen Einwohnern des ganzen Staates leben über achthunderttausend allein auf dieser Insel, und die meisten der jährlich knapp sieben Millionen Touristen kommen erst einmal hier an. Deshalb trägt O'ahu auch den Beinamen «Gathering Place», gemeint nicht nur als Sammelplatz seiner eigenen multikulturellen Gesellschaft, sondern auch als Touristenzentrum der Inseln schlechthin.

Der Sog, der Honolulu zum Wirtschaftszentrum der Inseln machte, ging von Pearl Harbor aus, dem größten Naturhafen im Pazifik. Schon die Walfänger wußten ihn zu schätzen, später die Handelsschiffe und schließlich die US-Marine, die ihn zum Stützpunkt ihrer Pazifikflotte machte. Waikiki und der Tourismus kamen erst viel später als Anziehungskräfte hinzu. Das erste Hotel wurde 1901 eröffnet und stand, wie alte Postkarten zeigen, noch ziemlich verloren am einsamen Strand von Waikiki. Der lag damals noch mehrere Kilometer außerhalb der Stadt, deren Bewohner mit der Pferdekutsche zum Baden nach Waikiki fuhren. Nur der junge Schriftsteller Jack London (1876–1916) hatte 1916 Phantasie genug, sich den kommenden Boom auszumalen. «Ich bin froh, daß wir jetzt hier sind», sagte er zu einer Begleiterin, «denn eines Tages wird Waikiki Beach ein einziges langes Hotel sein.»

Rotglühend ergießen sich die Lavaströme des Kilauea ins Tal. Das Feuer, das aus dem Inneren der Erde kommt, zeigt die Macht der Natur in ihrer Großartigkeit und Bedrohlichkeit zugleich.

DIE FEUERTÖPFE DER «MADAME PELE»:

Vulkanismus auf Hawai'i

Hawai'i wächst. Jeden Tag, jedes Jahr wird die größte Insel des Archipels noch ein bißchen größer. Seit im Jahr 1983 der Kilauea, ein Nebenkrater des Vulkans Mauna Loa, unaufhörlich Lava zu spukken begann, ist das Eiland bereits um 160 Hektar Küstenland gewachsen – und der Mensch kann die Geburt neuer Erde hier so hautnah und gefahrlos miterleben wie sonst nirgendwo auf dem Planeten.

2

3

1

Die Vulkane von Hawai'i gelten als «sanfte Riesen». Obwohl es in ihrem Inneren gefährlich brodelt, verlaufen die Eruptionen fast gemächlich. Der Grund für diese «stillen Ausbrüche»: Die Lava enthält – im Gegensatz zu der anderer Vulkane wie etwa des Pinatubo auf den Philippinen – nur einen geringen Anteil an Silizium. Dadurch bleibt die Lava relativ dünnflüssig und bricht sich ihre Bahn nicht in gewaltigen und alles zerstörenden Explosionen, sondern fließt stetig und nur von kleinen Fontänen unterbrochen ruhig an der Bergflanke ab, bevor sie sich zischend und dampfend ins Meer wälzt und dort wieder neues Land entstehen läßt.

Der Mauna Loa ist mit seinem Seitenkrater Kilauea als derzeit aktivster Vulkan der Erde daher ein ideales Feld für Forscher, die hier in aller Ruhe die Vulkantätigkeit beobachten können, ohne Risiken einzugehen. Sie kennen den Kilauea schon fast wie ihre Westentasche. Seit Dr. Thomas A. Jaggar (1871–1953), der «Vater der hawaiischen Vulkanologie», 1912 das erste Observatorium am Rand des Kilauea-Kraters einrichtete, hat die Wissenschaft gewaltige Fortschritte gemacht: Heute registrieren die extrem sensiblen Seismographen hier gut hunderttausend kleine Erdbeben pro Jahr. Treten sie an bestimmten Stellen gehäuft auf, steht dort wieder ein Ausbruch bevor. Die Vulkanologen des Hawai'i Volcanoes Observatory können aber nicht nur Zeitpunkt und Ort der Ausbrüche sehr genau vorhersagen, sondern auch die Fließgeschwindigkeit und die Zusammensetzung der Lava.

Zwei Formen der Lava gibt es auf Hawai'i: Auf der erkalteten *pahoehoe* läßt es sich gut laufen, sie ist glatt wie ein sämig gerührter Brei, erstarrt oft zu bizarren Formen und bildet dicke Wülste aus. Die *a'a* bekam ihren Namen von den Hawaiianern, die nur unter Schmerzensschreien barfuß über die scharfkantige, harte Kruste gehen konnten und die Lava deshalb lautmalerisch so benannten.

Die Magmakammer des Kilauea-Vulkans befindet sich nur drei bis vier Kilometer unter der Oberfläche und wird durch immer wieder nachfließendes Magma aus dem Erdmantel gefüllt. Durch den Druck des so angestauten Magmas dehnt sich der Berg aus – ein Ausbruch steht bevor. Diese Verformung können die Vulkanologen mit Hilfe von *tiltmeters* auf ein zehnmillionstel Grad feststellen. Wie gigantische Wasserwaagen funktionieren diese Neigungsmesser und registrieren jede Veränderung an den gefährdeten Bergflanken. Wird es kritisch, können die Bewohner umliegender

1 Auf Big Island wurden bei einem Ausbruch des Kilauea im Mai 1990 rund einhundertdreißig Häuser zerstört.

2 Die Straße endet in Lavamassen.

3 Eine Fontäne feuriger Lava schießt aus dem Krater des Kilauea gen Himmel.

4 Vom Kilauea steigen Dämpfe auf – ein Ausbruch steht unmittelbar bevor.

5 Wo der Highway 130 von der Lava abgeschnitten ist, werden Autofahrer informiert, daß sie die Straße nicht mehr passieren können.

6 Zischend und brodelnd versinkt die heiße Lava im Wasser des Pazifiks.

6

4

5

Gebiete rechtzeitig gewarnt und evakuiert werden. Erst im Jahr 1990 mußten rund einhundertdreißig hawaiische Familien ihre Häuser aufgeben, die der Lavastrom gnadenlos überrollte. Aber seit Jahrzehnten haben die Ausbrüche wenigstens keine Menschenleben mehr gefordert.

Doch warum brodelt es in der »Hexenküche« des Mauna Loa heute noch, warum kommt der Berg nicht zur Ruhe? Ganz einfach: Weil die »Geburt« von Big Island immer noch nicht abgeschlossen ist. Über die Vulkantätigkeit auf Hawai'i konnten die Wissenschaftler im Lauf der vergangenen Jahrzehnte nicht nur die Entstehung des Archipels nachweisen, sondern auch einen eindrucksvollen Beweis für die Theorie der Kontinentalverschiebung liefern. Schuld an Hawai'i ist ein sogenannter Hot spot, ein heißer Fleck im äußeren Erdmantel. Seit über 70 Millionen Jahren durchlöchert er die Pazifikscholle wie ein gigantischer Schneidbrenner. Die Kraft des aufsteigenden Magmas türmt große Schildvulkane auf, deren oberer Teil als Insel aus dem Meer ragt. Weil der »heiße Fleck« immer an derselben Stelle bleibt, die Pazifikscholle aber langsam in nordwestlicher Richtung driftet, entstand über dem Hot spot eine vulkanische Bergkette, die sich von der sibirischen Halbinsel Kamtschatka bis Hawai'i hinzieht.

Einmal von der unterirdischen Feuerstelle entfernt, erkalteten die Vulkane und begannen zu verwittern. Auf Kaua'i, der am weitesten westlich gelegenen und mit rund fünf Millionen Jahren ältesten unter den größeren Inseln des Archipels, ist dieser Verwitterungs- und Erosionsprozeß am deutlichsten zu erkennen. Bis zu 1000 Meter tiefe Täler durchfurchen die Insel, schroffe, von Wind und Wellen scharfkantig geschliffene Klippen begrenzen das Eiland. Längst hat der Schildvulkan seine ursprüngliche Größe und den mächtigen Gipfel eingebüßt. Maui, die jüngere Schwester Kaua'is, hat immerhin auch schon zwei Millionen Jahre auf dem Buckel. Demnach ist Big Island, die Insel, die sich heute genau über dem Hot spot befindet, das reinste Küken – gerade mal fünfhunderttausend Jahre gibt es sie. Und wie das eben so ist mit den Jüngsten der Familie: Sie wachsen und wachsen. Weiterer »Nachwuchs« für den Archipel hat sich übrigens auch schon angesagt. Vor der Ostküste von Big Island haben die Wissenschaftler einen neuen unterseeischen Vulkan entdeckt, der langsam, aber stetig zur Meeresoberfläche emporwächst. *Karin Grenzebach*

Lana'i, die sechstgrößte Insel des Archipels, besteht aus einem einzigen erloschenen Vulkan. Weil man glaubte, böse Geister trieben auf der Insel ihr Unwesen, siedelten erst ab dem 14. Jahrhundert Menschen auf Lana'i.

Die Hufeisenform des winzigen Eilands Molokini läßt deutlich erkennen, daß es der Rest eines versunkenen Vulkankraters ist. Die Miniaturinsel erhebt sich an ihrer höchsten Stelle 45 Meter über den Meeresspiegel.

Ananasplantage auf Maui. Die Ananas kam Anfang des 19. Jahrhunderts aus Brasilien nach Hawai'i. Auf den Gedanken, die Frucht dort in großem Stil zu kultivieren, kam um die Jahrhundertwende James Dole, der auf O'ahu eine große Plantage anlegte.

Lana'i wurde 1922 von der Firma Dole aufgekauft, die hier bis 1993 die größte Ananasplantage der Welt führte. Heute wird die Kultivierung von Ananas auf Lana'i nicht mehr kommerziell betrieben.

Selbst er konnte sich jedoch wohl in seinen kühnsten Träumen nicht ausmalen, welch rasante Entwicklung Waikiki nehmen sollte. In einem Bauboom ohnegleichen schossen seit dem Zweiten Weltkrieg die Wohntürme der Hotels und Appartementanlagen in die Höhe. Auf knapp zwei Quadratkilometer Landfläche wohnen heute über neunzigtausend Menschen in 35 000 Hotelzimmern und Ferienwohnungen. An den Boulevards reihen sich neunhundert Restaurants und Bars aneinander, ergänzt von zahllosen Souvenirshops. Ein Quadratmeter Boden kostet hier bis zu dreißigtausend Dollar, ein Immobilienpreis, der sonst nur noch in Manhattan erzielt wird. Und am Strand selbst hat man manchmal Mühe, sein Handtuch auszubreiten, ohne dem leichtgeschürzten Nachbarn zu nahe zu treten.

Vorbei die Zeiten also, in denen Waikiki ein romantischer Badeort war, dessen Besucher sich an den akrobatischen Künsten einer Handvoll einheimischer Wellensurfer erbauten. Und doch sind Besucher O'ahus immer wieder überrascht, wie wenig das Klischeebild Waikikis mit seinem überfüllten Strand und den Wolkenkratzern dicht dahinter mit dem Rest der Insel übereinstimmt. Schon eine halbe Autostunde entfernt vom Betonbrei der Metropole ist O'ahu wieder ganz Hawai'i. An der Südostküste zum Beispiel, mit ihren endlosen Stränden, an denen sich die wenigen einheimischen Badegäste verlieren. Oder an der wilden Nordküste, wo im Winter über zehn Meter hohe Monsterwellen an Land branden. Wo eine eingeschworene Gemeinde von Surfern in einfachen Holzhäusern am Strand lebt, immer das Meer im Auge und das Brett griffbereit für die eine, die große, die endgültige Welle. Oder im fruchtbaren Zentrum der Insel, wo auf einem Hochplateau ein Meer von Ananasfeldern bis zum Horizont reicht. Nicht mehr lange jedoch, denn der Anbau geht stark zurück – der Boden ist zu wertvoll für den Plantagenbau geworden.

INSELN ZWISCHEN GESTERN UND MORGEN: LANA'I, MAUI, MOLOKA'I

Wie auf O'ahu ist auch auf den übrigen Inseln der Zuckerrohr- und Ananasanbau rückläufig, die billigere Konkurrenz in Asien und Südamerika macht die Großplantagen unwirtschaftlich. So müssen sich nun auch die mittleren drei Inseln des Archipels umstellen und ihr Heil in anderen Erwerbszweigen suchen – im Anbau profitablerer tropischer Früchte, in leichten Industrien, vor allem aber im Tourismus. Auf Lana'i, der Insel südöstlich von O'ahu, lag zum Beispiel bis vor kurzem die größte Ananasplantage der Welt. Das Eiland besteht aus einem großen Schildvulkan, der sich wie ein abgerundeter Buckel gut tausend Meter aus dem Meer schiebt. 1922 hatte der «Ananaskönig» James Dole Lana'i für 1,1 Millio-

Die Puna Coast auf Big Island, zu Füßen des Vulkans Kilauea, wurde immer wieder durch Lavaströme verwüstet. Da es hier im Osten der Insel sehr feucht ist, entstand aus der Lava aber im Lauf weniger Jahrzehnte wieder fruchtbares Land.

Auf dem Weg zu den Akaka Falls auf Big Island gibt der munter über Felsstufen springende Bach einen Vorgeschmack auf die mächtige Kaskade, als die er dann als Kolekole-Fluß 130 Meter tief in eine Schlucht stürzt.

Der Thurston Lava Tube Trail im Hawai'i Volcanoes National Park auf Big Island. Rund 150 Meter lang ist der Tunnel, der entstand, als zu Tal strömende Lavamassen an der Außenseite abkühlten und erstarrten, innen aber noch weiterflossen.

nen Dollar gekauft und in eine einzige Plantage umgewandelt. Erst 1993 wurde der kommerzielle Anbau von Ananas aufgegeben. Für die zweitausendfünfhundert Einwohner soll nun der Tourismus die Arbeitsplätze bringen, zwei luxuriöse Hotels mit Golfplätzen sind schon in Betrieb und gelten als neue Trendziele für den Exklusivurlaub in der Einsamkeit.

Wie Lana'i ist auch das benachbarte Moloka'i touristisch noch kaum erschlossenen. Die siebentausend Bewohner von «Friendly Island», wie die Insel auch genannt wird, leben noch überwiegend von Gartenbau und Kleinlandwirtschaft, weshalb auf Moloka'i noch viel vom Flair der Pioniertage und der Kultur des alten Hawai'i erhalten blieb – ein Ziel für Individualisten, die ohne viel Komfort eine Südseeidylle erleben wollen. Über Hawai'i hinaus bekannt wurde die Insel durch die Leprakolonie, die der belgische Missionar Joseph Damien de Veuster (1840–1889) im vergangenen Jahrhundert auf der Halbinsel Kalaupapa betreute. Aufopferungsvoll und ohne auf die eigene Gesundheit zu achten, kümmerte er sich um die bis zu achttausend Leprakranken, die von den anderen Inseln hierher verbannt wurden. Sie mußten vom Schiff aus zu der von hohen Klippen abgegrenzten Halbinsel schwimmen, da die Seeleute aus Furcht vor Ansteckung nicht anlegen wollten. Nach 16jährigem selbstlosen Dienst an den Kranken starb Father Damien im Jahr 1889 selbst an Lepra.

Eine weit weniger dramatische Geschichte besitzt die gleich nebenan gelegene Insel Maui, die zweitgrößte des Archipels. Im reichen polynesischen Legendenschatz ist Maui der trickreichste aller Götter. Er soll den Himmel angehoben haben, damit die Menschen aufrecht gehen konnten und nicht mehr am Boden kriechen mußten. Die Sonne fing er mit einem Lasso ein, um ihren Lauf zu bremsen und damit das Tageslicht zu verlängern. Seine größte Tat aber war ein Fischzug, mit dem er alle Inseln des polynesischen Kulturkreises aus dem Meer zog. Die nach ihm benannte Insel Maui kann dabei nicht sein schlechtester Fang gewesen sein. Wie keine andere Insel des Archipels vereint sie alle Naturschönheiten Hawai'is: makellose Sandstrände und wildromantische Felsküsten, grüne Täler und Wasserfälle, dazu noch ein mächtiger, leicht zugänglicher Vulkan.

Dennoch wurde Maui bis in die siebziger Jahre nur als Geheimtip einer internationalen Gemeinschaft von Hippies, Windsurfern und Rucksacktouristen gehandelt. Der illegale Anbau von Marihuana brachte als Wirtschaftszweig fast ebensoviel ein wie die legalen Zuckerrohrplantagen. Doch Geheimtips haben meist nur kurzen Bestand. Als die amerikanischen Fluggesellschaften, der steigenden Nachfrage folgend, in den achtziger Jahren Direktflüge von Kalifornien nach Maui einrichteten, war der Aufstieg der Insel zum Trendziel nicht mehr zu

Nach dem Surfen wärmen sich Kinder in den warmen Quellen des Isaac Hale Beach Park wieder auf. Der östlichste Punkt von Big Island und zugleich des Bundesstaates Hawai'i, Cape Kumukahi, ist nicht weit entfernt.

Der seit Jahrtausenden erloschene Mauna Kea auf Big Island ist mit 4205 Metern der höchste Gipfel des Pazifiks.

Am Mauna Kea entspringen zahlreiche Flüsse, die vor allem an seiner Ostseite Regenwälder durchfließen. Im wuchernden Grün hört man nichts als den Gesang der Vögel und das Rauschen der Wasserfälle, wie hier in der Schlucht des Maulua Stream.

In den Hawai'i Tropical Botanical Gardens bei Hilo (Big Island) kann man die Farbenpracht paradiesisch anmutender Blüten bewundern:

Oben: «Paradiesvogelblume» wird die Orange Strelitzie genannt, die aus Südafrika stammt und in Hawai'i häufig zu sehen ist.

Mitte: Die Scharlachrote Alpinie, ein Ingwergewächs, ist eine bis zu zwei Meter hohe Staude mit langen, zungenförmigen Blättern. Fast das ganze Jahr über zeigt sie ihre leuchtendroten Blüten.

Unten: Die Blüten des knorrigen Pagodenbaums werden oft zu den traditionellen Blütenkränzen, den Leis, aufgereiht.

bremsen. Heute sind die Hippies fast ganz aus Maui verschwunden, dafür gibt es hier mehr Millionäre und Luxushotels als auf allen anderen Inseln.

Es scheint, als würde sich die Geschichte wiederholen: Schon einmal, als die Walfänger den Ort Lahaina an der Westküste zu ihrem ersten Stützpunkt erkoren, zog die Insel Abenteurer aus aller Welt an. Wo heute Touristen die Uferpromenade entlangbummeln, wurden einst landhungrige Seeleute auf die Bars und Bordelle der Stadt losgelassen. Lahaina war das rauheste Pflaster westlich des Wilden Westens, und nur hier konnte es geschehen, daß Missionare eigenhändig Kanonen auf die vor Anker liegenden Walfangschiffe richteten, um der Anarchie Einhalt zu gebieten. Heute werden Wale bei Maui nicht mehr geschlachtet, sondern besichtigt. *Whale watching* gehört zu den beliebtesten Attraktionen. Das sind Bootsausflüge zu den Buckelwalen, die, aus Alaska kommend, die Gewässer um Maui jeden Winter für die Paarung und zur Aufzucht ihrer Jungen aufsuchen. Oft kommen die Meeressäuger so nahe an die Küste heran, daß auf den Highways Staus und Auffahrunfälle durch Schaulustige keine Seltenheit sind.

Maui entstand ursprünglich aus zwei Vulkanen, die sich voneinander unabhängig aus dem Meeresboden erhoben und über einen Isthmus schließlich zusammenwuchsen. Auf der Landenge zwischen den beiden Inselhälften, im sogenannten Central Valley, wird Zuckerrohr angebaut. Der touristische – und damit wirtschaftliche – Schwerpunkt ist heute jedoch an die Westküste der Insel gerückt. In einer zeitweise stürmischen Entwicklung wurden dort seit den frühen achtziger Jahren Luxusresorts, Hotels und Appartementanlagen aus dem Boden gestampft. Die Bevölkerung Mauis wuchs im gleichen Zeitraum um 70 Prozent.

Auf dem Höhepunkt des Booms entstand Anfang der neunziger Jahre etwa das Grand Wailea Resort, mit 800 Millionen Dollar Baukosten eines der teuersten Hotelprojekte aller Zeiten. Wobei die Bezeichnung Hotel eine schlichte Untertreibung ist, in dieser Klasse spricht man vom «Megaresort». Der Freizeitpark mit Golfplatz und 5000 Quadratmeter Poolfläche gleicht einem Disneyland, die Architektur einem Hollywood-Traum aus Marmor, Glas und Keramik. Allein für die üppigen Skulpturen von Fernando Botero wurden 20 Millionen Dollar ausgegeben. Bei insgesamt achthundert Zimmern kam so unter dem Strich eine Million Dollar Kosten pro Zimmer heraus. Eine Rechnung, die nicht aufgehen konnte – die japanischen Investoren verloren viel Geld; der schöne Traum ist geblieben.

Aber Maui hat auch bodenständige Seiten. Gleich hinter den Strandhotels von Kihei und Makena beginnt das «Upcountry», eine eigentlich für Hawai'i untypische Landschaft. Das fruchtbare Weide- und Gartenland am sanft

Auf dem von Palmen gesäumten Highway 137 entlang der Puna Coast auf Big Island. Wie überall in den USA fährt man auch in Hawai'i langsam, gelassen und vernünftig – hektisches Rasen und Drängeln ist unbekannt.

Die Anna Ranch in Waimea auf Big Island ist eine der großen Rinderfarmen. Die ersten Tiere brachte Ende des 18. Jahrhunderts der englische Seefahrer George Vancouver nach Hawai'i, um sie König Kamehameha I. zu schenken.

ansteigenden Hang des Haleakala-Kraters verdankt seine reichlichen Niederschläge dem Wolkenstau am Kraterkegel. Das hügelige Upcountry erinnert Amerikaner an Wyoming und deutsche Besucher vielleicht an das Alpenvorland. Auf jeden Fall geht es hier in den kühleren Bergregionen weitaus geruhsamer zu als unten im heißen, geschäftigen Küstengürtel. Die kleinen Orte am Hang sehen aus wie Westernstädte, in den Gärten stattlicher Landhäuser wachsen die Orchideen wie anderswo Gänseblümchen.

Oft von Wolken umkränzt und trotzdem allgegenwärtig, thront über allem der weit ausladende Kegel des Haleakala, dessen Name auf hawaiisch soviel bedeutet wie «Haus der Sonne». Man sieht ihm seine 3000 Meter Höhe nicht an. Erst wenn man die vielen Serpentinen der asphaltierten Straße zum Gipfel hinter sich hat und in das Kraterbecken blickt, werden die gewaltigen Dimensionen deutlich. Die rotbraune Mondlandschaft des nach Osten zum Meer hin abfallenden Kraterbeckens erstreckt sich über 80 Quadratkilometer. Jack London, der 1907 zum Krater aufgestiegen war, beschrieb dieses Becken als «kosmischen Höllenschlund», auch wenn damals der letzte Ausbruch schon hundert Jahre zurücklag. «Wir standen am Rand des nahezu senkrechten westlichen Walls, und der Boden des Kraters lag fast eine halbe Meile unter uns. Dieser Boden, durchbrochen von Lava-

Bei Captain Cook (Big Island) in der Nähe der Kealakekua Bay. Hier ankerte James Cook bei seinem zweiten Besuch Hawai'is. In der Bucht fand er auch während einer Auseinandersetzung mit den Insulanern den Tod.

Die Ke Ola Mau Loa Church (Big Island) könnte mit den schlichten Formen ihrer Holzarchitektur auch irgendwo in Amerika stehen. Die Missionare brachten ihren Baustil mit auf die Inseln, während der Name unverwechselbar hawaiisch ist.

strömen und Aschekegeln, war so rot und frisch und unverwittert, als wenn erst gestern die Feuer erloschen wären. Die Aschekegel, deren kleinste über 400 und größte über 900 Meter hoch waren, schienen nicht mehr als kümmerliche kleine Sandhügel, so mächtig war der Hintergrund. [...] Es war eine Szene unermeßlicher Öde und Verwüstung, streng, abstoßend, faszinierend.»

Wie einst Jack London kann man auch heute noch auf dem Rücken eines Maultieres den Haleakala überqueren. Die meisten Besucher aber fahren mit dem Auto oder Bus zum Gipfel und begnügen sich mit einem Blick von der Aussichtsplattform in 3000 Meter Höhe. Oder sie wählen einen *helicopter ride*, einen Flug mit dem Hubschrauber, in den Krater hinein, der zweifellos den besten Eindruck von seinen Ausmaßen gibt. Kenner empfehlen, in den frühen Morgenstunden am Gipfel zu sein, um den spektakulären Sonnenaufgang über dem Kraterrand zu beobachten. Erst dann würde man den Namen «Haus der Sonne» so richtig verstehen.

BIG ISLAND HAWAI'I: IM HAUS DER «MADAME PELE»

Alles, was die Inseln von Hawai'i groß macht, ist noch ein bißchen größer auf Big Island, der größten Insel der Gruppe. Eigentlich heißt sie ja auch Hawai'i, aber um

Bei Kiholo an der Nordwestküste von Big Island begrüßt inmitten wüstenartiger Lavafelder ein Mosaik aus Steinchen die Gäste. «Aloha» bedeutet «Willkommen» und «auf Wiedersehen», aber auch «Liebe».

An der Kohala-Küste der Insel Hawai'i gibt es über zwölftausend Petroglyphen, in den Fels geritzte Darstellungen. Sie geben der Wissenschaft noch viele Rätsel auf; selbst der Zeitpunkt ihrer Entstehung ist ungeklärt.

Zeitvertreib für kluge Köpfe: ein Konanespiel, für das man schwarze und weiße Steine verwendete, im Lapakahi State Historical Park auf Big Island. Die Ausgrabungsstätte gewährt Einblick in das Leben eines Fischerdorfs vor sechshundert Jahren.

Verwechslungen vorzubeugen, verwenden die Hawaiianer heute lieber den Beinamen «Big Island». Flächenmäßig ist die Insel doppelt so groß wie alle anderen zusammen. Die beiden Vulkane Mauna Loa und Mauna Kea, die 4000 Meter über den Meeresspiegel und noch einmal 5000 Meter tief bis zum Meeresgrund reichen, bilden das größte Bergmassiv der Erde. Kein Wunder also, daß es den Bewohnern Big Islands nicht an Selbstbewußtsein mangelt. Für sie ist es die Mutter aller Inseln, hier schlägt Hawai'is vulkanisches Herz, und hier ist das Zentrum der alten hawaiischen Kultur. Auf keiner anderen Insel gibt es so viele bedeutende polynesische Kultstätten wie auf Big Island. Die ersten polynesischen Siedler setzten wahrscheinlich hier ihren Fuß auf das jungfräuliche Land, und von hier aus eroberte König Kamehameha der Große sein hawaiisches Königreich.

Mit Händen zu greifen ist althawaiische Größe am Pu'ukohola Heiau. Die mächtige steinerne Kultstätte, die sich wie eine abgeschnittene Pyramide am Westhang der Kohala Mountains erhebt, wurde vor zweihundert Jahren unter König Kamehameha dem Großen errichtet. Das düstere Bauwerk aus aufeinandergeschichteten schwarzen Lavasteinen sollte ihm die Gunst der Götter für die Eroberung der Inseln sichern. Zum Richtfest lud Kamehameha seinen letzten Rivalen auf der Insel ein, einen Häuptling von der Südküste. Als dieser mit seinem Kanu am Strand landete, ließ Kamehameha ihn ohne Umschweife töten und brachte ihn im neugebauten Tempel den Göttern zum Opfer. Die schienen dem Machiavelli des alten Hawai'i tatsächlich gewogen zu sein. Nach einem dreißigjährigen Krieg waren alle Inseln unter ihm vereint. Seine letzten Lebensjahre verbrachte Kamehameha in Kailua-Kona, wo er 1819 starb.

Kailua-Kona ist heute das Zentrum des Tourismus, der sich auch auf Big Island an der trockenen und sonnigen Westküste konzentriert. Der Ort liegt etwa in der Mitte der Kona Coast, eines über 100 Kilometer langen Küstenabschnitts, der fast nur aus Stränden besteht. Mit Ausnahme eines verdichteten Siedlungsgürtels südlich von Kailua-Kona haben die Designer von Hotel- und Golfanlagen an der Kona Coast noch ausgiebig Platz. Aus der Luft heben sich die künstlich bewässerten Luxusresorts wie grüne Inseln vom dunkelbraunen Lavaboden ab.

Genügend Auslauf haben auch die fünfzigtausend Rinder der Parker Ranch, die sich auf einer Hochebene zwischen den Kohala Mountains und dem Vulkan Mauna Kea erstreckt. Hundert hawaiische Cowboys, die sogenannten *Paniolos*, beaufsichtigen hier 90 000 Hektar Weideland, größer als jede private Ranch in den USA. Die Paniolos sind mexikanischer Herkunft und wurden Mitte des 19. Jahrhunderts von dem Gründer der Ranch, dem Amerikaner John Palmer Parker, auf die Insel geholt, um die frei herumlaufenden Rinder unter Kontrolle zu

Fortsetzung Seite 60

Die Moku'aikaua-Church in Kailua-Kona (Big Island) ist die älteste Kirche des Archipels. Sie wurde 1837 auf einem Grundstück erbaut, das König Kamehameha II. im Jahr 1820 den ersten Missionaren schenkte, die nach Hawai'i gelangten.

Sunset in der Nähe des von weitläufigen Sandstränden umgebenen Kaluakoi Resort an der Westküste der Insel Moloka'i.

1

TSUNAMI, DIE «GROSSE WELLE IM HAFEN»

Ferne Erdbeben gefährden die Küsten Hawai'is

Über Tausende von Kilometern rasen die von Erdbeben ausgelösten Flutwellen durch die Ozeane und richten an den Küsten schwere Verwüstungen an. «Tsunami» heißt diese Naturerscheinung, die seit Urzeiten besonders auch Hawai'i bedroht.

Auf offener See ist kaum etwas zu bemerken. Eine leichte Woge, etwa 80 Zentimeter hoch, zieht – wie eine normale Meeresdünung – über die Wasseroberfläche. Für die Schiffe draußen im Ozean ist sie kaum spürbar. Doch an der Küste bäumt sich die unscheinbare Woge urplötzlich auf, wird zu einer zehn, 15 oder sogar 30 Meter hohen Riesenwelle, die mit unvorstellbarer Gewalt über das Land herfällt und alles in ihrem Weg vernichtet.

Die von unterseeischen Beben ausgelösten Tsunamis haben im Lauf der Jahrhunderte in Hawai'i schon zahlreiche Siedlungen zerstört und auch Menschen getötet. Über Big Island brach zum Beispiel am 1. April 1946 eine solche Monsterwelle herein. Die 17 Meter hohe Wasserwand forderte 173 Menschenleben und zerstörte rund fünfhundert Gebäude. Schiffe wurden an Land gespült, eine ganze Sporthalle um fünfzig Meter landeinwärts versetzt. Bei einer weiteren großen Welle am 23. Mai 1960 waren erneut 61 Tote zu beklagen.

Hawai'i ist nicht der einzige Ort, an dem Tsunamis auftreten. Es gibt sie weltweit, seit die Ozeane bestehen und seit Erdbeben den Meeresboden zum Schwingen bringen. Erst vor einigen Jahren, am 12. Juli 1993, kamen im japanischen Hafenort Okushiri mehr als zweihundert Küstenbewohner ums Leben, als nach einem Beben ein Tsunami über die Küste hereinbrach. Japan hat aufgrund seiner zahlreichen Erdbeben besonders unter den Flutwellen zu leiden. Aus dem Inselreich stammt auch der Name Tsunami, «große Welle im Hafen», denn charakteristischerweise zeigen die Unglückswellen ihre verheerende Kraft besonders in Hafenbuchten.

2

Wie Japan ist auch Hawai'i von Tsunamis gefährdet. Der Archipel liegt im Mittelpunkt des «Feuerkranzes» rund um den Pazifik, einer tektonisch aktiven Zone, in der drei Viertel aller tätigen Vulkane der Erde liegen – und in der auch die meisten Erdbeben stattfinden. Über die Weiten des Stillen Ozeans können sich die Tsunamis ungehindert ausbreiten. So erreichte 1964 bei einem Beben in Alaska die Welle nach viereinhalb Stunden die 3000 Kilometer entfernte Küste Kaliforniens.

Allerdings muß nicht jedes Seebeben auch einen Tsunami auslösen: Nur dann, wenn sich die Erdplatten in der Tiefe senkrecht bewegen, ist Gefahr im Verzug. Reiben sich die Kontinentalschollen längs aneinander wie etwa am berüchtigten San-Andreas-Graben in Kalifornien, so pflanzen sich die Bebenwellen nur im Gestein fort. Wenn sich jedoch der Meeresboden anhebt oder absenkt, lösen die ruckartigen Stöße Schwingungen im Ozean aus. Je nach der Wassertiefe variiert ihre Geschwindigkeit. Bei 4000 Meter Tiefe erreichen sie 720 Stundenkilometer, bei 8000 Meter Wassertiefe rasen sie über 1000 Kilometer schnell durchs Meer. In Küstennähe bremsen sie auf 50 Stundenkilometer ab – doch dann bäumen sich die Tsunamis auf und zeigen ihre tödliche Kraft. Besonders gefährdet sind Buchten, deren Trichterform die Wellen verstärkt. Die Hilo Bay auf Big Island hatte daher bei Tsunamis immer unter den größten Zerstörungen zu leiden.

Die Zeit der unberechenbaren Gefahr scheint jedoch vorüber. Die Ausbreitung von Tsunamis ist nämlich sehr exakt berechenbar. Moderne Computer können nach einem Erdbeben in Minutenschnelle vorausberechnen, wann und wo eine Welle auftreffen wird. Seit 1948 gibt es in Honolulu ein heute sehr genau arbeitendes Tsunami-Warnsystem: Sofort nach einem Beben in Japan, Chile oder Alaska können die Seismologen berechnen, ob Gefahr für Hawai'i besteht. Wenn ja – was aber nur alle zwanzig Jahre vorkommt –, dann heulen die Sirenen; Polizei und Nationalgarde rücken aus und evakuieren die Bevölkerung. Wenn sich der Tsunami dann Stunden später vor der Küste auftürmt, muß keiner mehr um sein Leben fürchten.

3

1 und 2 Im verwüsteten Hilo nach der großen Flutwelle des Jahres 1960. – 3 Vor der Küste von Moloka'i wirken bereits «normale» Wellen bedrohlich.

Blick vom Waipi'o Valley Lookout auf die Bucht und das sehr fruchtbare Tal, das sich etwa eineinhalb Kilometer breit und zehn Kilometer lang in die bewaldeten Kohala-Berge gräbt.

So könnte man sich den Garten Eden vorstellen: Die Unoma Falls in den Hawai'i Tropical Botanical Gardens bei Hilo auf Big Island. Der etwa 18 Hektar große Park versetzt den Besucher in die märchenhafte Szenerie eines tropischen Regenwaldes.

An der Küste des Lapakahi State Historical Park findet man bedeutende archäologische Spuren des alten Hawai'i.

Mysteriös und respektheischend blicken die Götterbilder im Pu'uhonua O Honaunau National Historical Park auf Big Island. Die Idole wurden nach Zeichnungen der Originale angefertigt und stehen an deren ursprünglichem Platz im restaurierten Heiligtum.

bringen – die ersten Tiere, die der englische Seefahrer George Vancouver (1758–1798) dem König geschenkt hatte, hatten sich stark vermehrt und wurden zu einem Problem für die Landwirtschaft. Den riesigen Grundbesitz hatte Parker Kamehameha dem Großen abgeluchst, indem er eine Verwandte des Königs heiratete.

Die Ostküste Big Islands ist die feuchte und grüne Seite der Insel. Während es in manchen Abschnitten des Westens das ganze Jahr über nicht regnet, werden in Hilo auf der Ostseite 7000 Millimeter Niederschläge jährlich gemessen. Die von den Passatwinden aus Nordosten herangetriebenen Wolken werden von den beiden hohen Vulkanen abgeblockt und sorgen an zweihundertsiebzig Tagen im Jahr für Regen. Hilo, das Verwaltungs- und Wirtschaftszentrum der Insel, gilt als eine der regenreichsten Städte der USA. Die gesamte Hilo Coast ist geprägt durch üppige Vegetation, saftige Gärten, tropische Parks und Regenwälder.

Würde man den Grundriß von Big Island zu einem gleichschenkligen Dreieck vereinfachen und jeder Seite dieses Dreiecks eine Grundfarbe zuordnen, dann paßte für die Hilo Coast am besten Grün. Die Kona Coast im Westen bekäme ein trockenes Hellbraun mit schmalem weißem Strandsaum. An der Südküste aber dominierte das stumpfe Anthrazit erstarrter Lava. Hier prägt der Vulkanismus die Landschaft – oder Göttin Pele, wie die Hawaiianer sagen würden. Große, gewalttätige Eruptionen sind zwar selten, aber nie versiegt der Lavafluß aus den ständig wechselnden aktiven Vulkanlöchern. Langsam, aber unerbittlich wälzt sich zähflüssige rote Glut aus der Südostflanke des Mauna Loa zum Meer hinab.

In dem am stärksten betroffenen Distrikt Puna müssen die wenigen Bewohner immer wieder vor den Feuerwalzen kapitulieren und ihre Häuser verlassen. Die Regierung hat es längst aufgegeben, die auf weiten Strecken von Lava überströmte Küstenstraße freizuhalten. In dem düsteren Landstrich lebt eine kleine Schar von Aussteigern in einfachen Holzhäusern zwischen Lava, Dschungel und Meer. Das Land ist hier am billigsten, und die astronomisch hohen Hausversicherungen zahlt kaum jemand. Wenn »Madame Pele« wieder einmal zuschlägt, muß eben umgezogen und neu gebaut werden.

In den beiden letzten Jahrhunderten haben die Lavaströme an Big Islands Südküste 80 000 Hektar neues Land geschaffen – und täglich wächst die Insel weiter. Draußen vor der Küste brodelt derweil am Meeresgrund ein weiterer Vulkan, türmt Lavaschicht um Lavaschicht aufeinander und wächst unaufhaltsam der Meeresoberfläche entgegen. Wenn er sie durchbricht, wird Hawai'i eine neue Insel bekommen. Geboren aus Feuer und Wasser, wie alle anderen vor ihr. In Hawai'i macht die Schöpfung keine Pause.

Das seichte, ruhige Wasser der von vorgelagerten Korallenriffen geschützten Südküste von Moloka'i nutzten die Polynesier seit dem 15. Jahrhundert, um Fischteiche anzulegen. Die Mauern wurden aus Lavasteinen gebaut.

Nur vom Wasser aus zeigt sich die Schönheit der steil abfallenden Klippen der unzugänglichen Na Pali Coast auf Kaua'i.

Ein Krater bildet die zum Baden und Schnorcheln beliebte Hanauma Bay auf O'ahu.

HAWAI'I: PLANEN · REISEN · GENIESSEN

INHALT

Den Fischen ins Gesicht sehen kann man im Sea Life Park auf O'ahu, dessen riesige Aquarien die hawaiische Unterwasserfauna präsentieren.

DATEN · FAKTEN · ZAHLEN

Lage und Größe. Die Inselgruppe Hawai'i liegt inmitten des Pazifiks am Wendekreis des Krebses, fernab von jedem Kontinent – fast 4000 Kilometer sind es bis zur amerikanischen Westküste, knapp 6000 westwärts nach Japan. Die acht größeren Inseln, von denen allerdings nur sechs touristisch erschlossen sind, umfassen zusammen rund 16 700 Quadratkilometer Landfläche; größte Insel ist Big Island / Hawai'i mit 10 500 Quadratkilometer Fläche, die bekannteste und am dichtesten besiedelte Insel ist jedoch das nur 1600 Quadratkilometer große O'ahu mit der Hauptstadt Honolulu. Zum Staat gehören aber außerdem noch rund einhundertdreißig weitere kleine, unbesiedelte Eilande, die sich in weitem Bogen durch den Nordpazifik bis zum Kure-Atoll ziehen.
Die gesamte Inselgruppe ist vulkanischen Ursprungs: Ein »heißer Fleck« im Erdmantel läßt unter der darüber hinwegziehenden Pazifikplatte immer neue Vulkane am Meeresboden entstehen, die als Inseln aus dem Wasser herausragen (siehe Seite 40 f.). Kaua'i, die westlichste der großen Inseln, wuchs vor fünf Millionen Jahren aus dem Meer und wurde seither von der Erosion wieder teilweise abgetragen und von großen Schluchten zerfurcht. Nach Osten hin werden die Inseln immer jünger, und auf Big Island, das sich erst vor etwa fünfhunderttausend Jahren über die Meeresoberfläche erhob, fließt die Lava noch heute. Hier ragt auch der höchste Berg der Inselgruppe auf, der 4205 Meter hohe Schildvulkan Mauna Kea.

Bevölkerung. Die rund 1,2 Millionen Bewohner Hawai'is, von denen über achthunderttausend auf der Insel O'ahu leben, bilden ein buntes Mosaik vieler Einwandervölker. Ihre Vorfahren kamen zumeist im 19. Jahrhundert als Plantagenarbeiter auf die Inseln. Etwa ein Drittel der Bevölkerung ist weißer Herkunft – vor allem Amerikaner aus den Neuenglandstaaten, Portugiesen und auch Deutsche. Rund 25 Prozent sind japanischer Abstammung, elf Prozent kommen

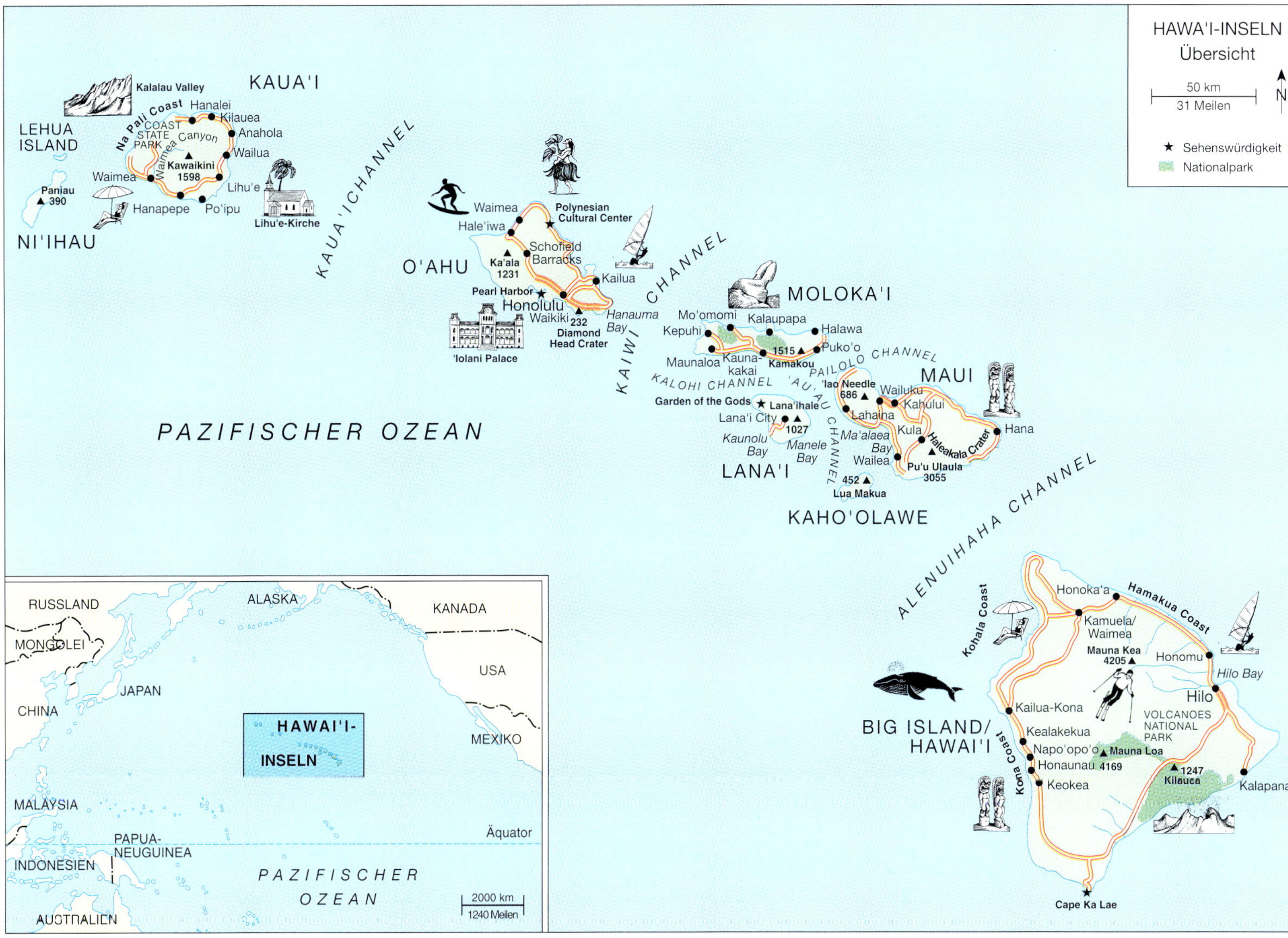

Die Lage inmitten des Pazifischen Ozeans macht die Hawai'i-Inseln zu der am stärksten isolierten Inselgruppe der Welt. Von den acht Hauptinseln ist nur Kaho'olawe nicht bewohnt.

aus den Philippinen, fünf Prozent aus China. Daneben gibt es noch zahlreiche kleinere Gruppen: Koreaner, Mexikaner, Samoaner, Italiener und andere. Die polynesischen Ureinwohner sind heute eine Minderheit: Nur etwa ein Prozent der Gesamtbevölkerung ist noch reinblütig hawaiisch.

Politik. Im Jahr 1898 annektierten die USA das einstige polynesische Königreich Hawai'i und machten es schließlich 1959 zum fünfzigsten Bundesstaat der Union. Wie auch die übrigen Bundesstaaten wird Hawai'i von einem gewählten Gouverneur und einem Zweikammerparlament regiert, die vor allem über Kultur-, Innen- und Wirtschaftspolitik entscheiden. Belange von Außenpolitik, Militär und Verfassungsrecht werden in der fernen Bundeshauptstadt Washington geregelt, wo Hawai'i mit zwei Senatoren und zwei Abgeordneten im Kongreß vertreten ist. Derzeit das brennendste Problem des Inselstaates ist die starke nationalistische Bewegung, deren Anhänger sogar die Loslösung von den USA fordern (siehe Seite 74).

Wirtschaft. Walfang und der Export von Sandelholz waren früher die wichtigsten Wirtschaftszweige, die gegen Ende des letzten Jahrhunderts von Zuckerrohr- und Ananasanbau auf Großplantagen abgelöst wurden. Doch auch diese seither so wichtigen Arbeitgeber haben in den letzten Jahren einen Niedergang erlebt: Durch die Konkurrenz aus billigeren Ländern der dritten Welt mußten viele Plantagen schließen. So werden nun hochwertige tropische Früchte, Orchideen und Kaffee für den Export angebaut. In Ermangelung von Bodenschätzen ist jedoch schon seit den fünfziger Jahren der Tourismus die wichtigste Industrie – rund sieben Millionen Besucher kommen alljährlich auf die Inseln und geben etwa sechs Milliarden Dollar aus. Ein weiterer wichtiger Wirtschaftsfaktor ist das Militär; allein im Flottenstützpunkt Pearl Harbor sind vierzigtausend Soldaten stationiert.

AUSKUNFT

Landkarten, Veranstaltungskalender, Unterkunftsverzeichnisse und andere Informationen über Hawai'i erhalten Sie bei der deutschen Vertretung des Hawai'i Visitors Bureau, c/o American Venture Marketing, Siemensstraße 9, 68263 Neu-Isenburg, Tel. 0 61 02/72 24 11, Fax 72 24 09 (9 bis 12 Uhr).

Vor Ort helfen die Filialen des Visitors Bureau auf allen größeren Inseln mit Tourentips, Adressen für Sportveranstalter und anderen Tips weiter. Haupstelle ist das Hawai'i Visitors Bureau, 2270 Kalakaua Avenue, Suite 801, Honolulu, Tel. 808/923-1811. Informationen über die staatlichen Parks auf den Inseln verschickt die State of Hawai'i Division of State Parks, P. O. Box 621, Honolulu, HI 96809 (auch Reservierung von Campingplätzen und Hütten).

KLIMA UND REISEZEIT

Durch die Lage der Inselgruppe am nördlichen Wendekreis herrscht in Hawai'i nahezu das ganze Jahr über ein ideales Klima. Ausgeprägte Jahreszeiten wie bei uns sind nicht zu spüren. Im Winter liegen die Temperaturen tagsüber bei etwa 25 Grad Celsius und sinken nachts auf 19 Grad. Im Sommer zeigt das Thermometer tagsüber 28 bis 30 Grad an, nachts kühlt es auf rund 23 Grad ab. Doch selbst im Hochsommer braucht man die Hitze nicht zu fürchten, denn die Passatwinde bringen ein erfrischendes Lüftchen übers Meer ins Landesinnere.

Beste Reisezeiten für die Inseln sind von März bis Juni sowie von September bis

WAS ZÄHLT IN HAWAI'I:

Maße und Zahlen auf einen Blick

Zeit

Die Hawai'i-Inseln gehören zur Zeitzone Hawai'i-Aleutian Standard Time; Mitteleuropa ist Hawai'i elf Stunden voraus.

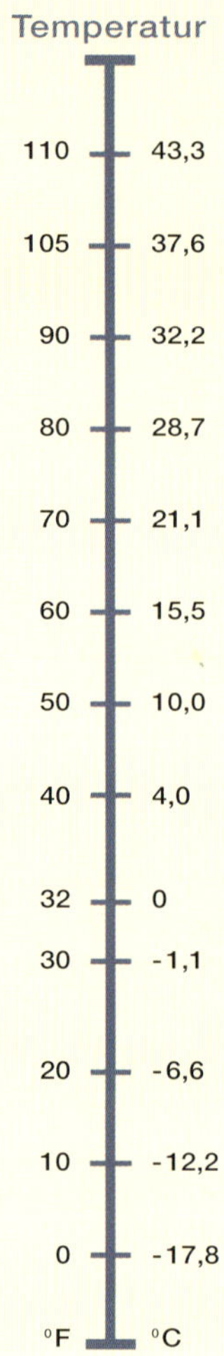

Maße

1 inch = 2,5 Zentimeter	1 pint = ca. 0,5 Liter
1 foot = ca. 30 Zentimeter	1 quart = ca. 0,95 Liter
1 yard = ca. 91 Zentimeter	1 gallon (Benzin) = ca. 3,8 Liter
1 mile = ca. 1,6 Kilometer	1 pound = ca. 450 Gramm

Wie überall in den USA werden die Maße auch auf Hawai'i auf das metrische System umgestellt, derzeit sind beide Systeme in Gebrauch.

Elektrizität

Die Netzspannung beträgt auf Hawai'i 110 Volt; deutsche Stecker passen nicht, man braucht einen Adapter.

Geld

Ein Dollar hat 100 Cent. Münzen gibt es zu 1 Cent, 5 Cent (Nickel), 10 Cent (Dime), 25 Cent (Quarter) und 50 Cent (Half Dollar). Sämtliche Dollarnoten sind gleich groß und grüngrau, also leicht verwechselbar. Größere Beträge werden in den USA fast immer mit Kreditkarte bezahlt.

Kleidergrößen

Anzüge	US	36	38	40	42	44	46	48		
	D	46	48	50	52	54	56	58		
Hemden	US	14	14,5	15	15,5	16	16,5	17	17,5	18
	D	36	37	38	39	40	41	42	43	44
Kleider	US	28	30	32	34	36	38	40	42	
	D	36	38	40	42	44	46	48	50	
Schuhe	US	5,5	6	7	7,5	8,5	9	9,5	11	12,5
	D	36	37	38	39	40	41	42	44	46

Telefonieren

Telefonnummern in den USA bestehen aus einem dreistelligen *Area Code* und einer siebenstelligen Rufnummer. Für internationale Gespräche wählt man die Kennzahl des Landes (01149 für Deutschland, 01143 für Österreich, 01141 für die Schweiz). Nicht immer kann man direkt wählen, oft muß der Operator vermitteln (0 wählen).

Klima

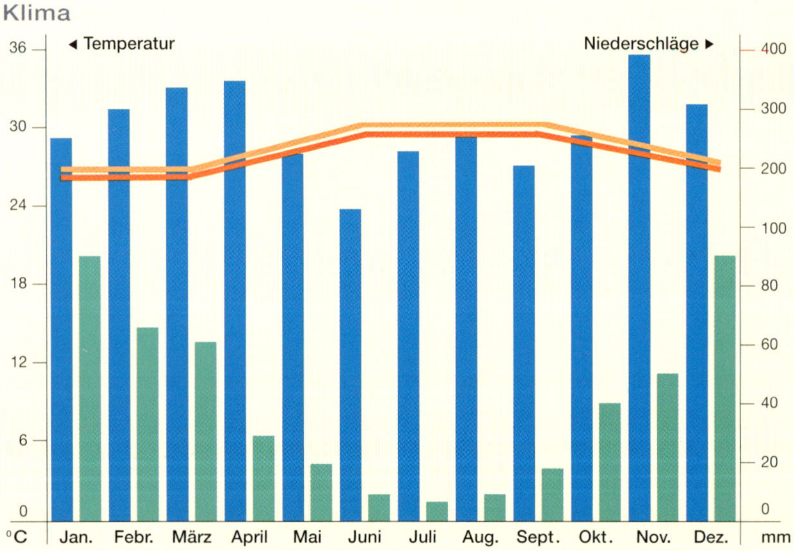

Durchschnittl. Tageshöchsttemperaturen (°C): Hilo, Honolulu
Durchschnittliche Niederschläge (mm): Hilo, Honolulu

1

2

3

1 Surfen am Waikiki Beach – auch Anfänger können sich hier im Sport der hawaiischen Könige üben.

2 In Lihu'e auf Kaua'i findet alljährlich im März das Prince Kuhio Festival mit hawaiischer Musik und traditionellen Tänzen statt.

3 Blauer Himmel über üppig wuchernder Vegetation – ein typisches Bild für Hawai'i.

4 Glücklich vereint auf einem Palmzweig: Vogelpärchen im Ala Moana Park auf O'ahu.

5 Blühende Thunbergia.

6 Die Scharlachrote Alpinie blüht fast das ganze Jahr über. In den Tropical Botanical Gardens von Hilo (Big Island).

7 Die verschiedenen Palmenarten gelangten teils vor den Menschen, teils mit ihnen auf die Inseln. Mit ihren fächerförmigen oder fiedrigen Blättern prägen sie das Bild der hawaiischen Landschaft.

8 Auf langen, grazilen Beinen unterwegs: Krebs (Grapsus grapsus) in den Hawai'i Tropical Botanical Gardens von Hilo.

4

5

6

7

November – dann ist das Klima ideal, und es herrscht Nebensaison mit günstigen Preisen für die Hotels. Weit mehr als von den Jahreszeiten wird das Klima Hawai'is von dem Ort bestimmt, an dem man sich gerade befindet: Die Wetterseiten der Inseln sind die Nordküsten. Ein kräftiger Wind zerzaust einem immer wieder mal die Haare, und die Wolken lassen hier ihren Regen ab. Das feuchte Klima begünstigt die Pflanzenwelt und beschert dem Norden und Nordosten der Eilande eine üppige Vegetation und die meisten Wasserfälle. Auf der windabgewandten Seite der Inseln im Süden und Südwesten dagegen kommen Sonnenanbeter voll auf ihre Kosten: Das ganze Jahr über ist es fast immer sonnig und angenehm warm, nur in der feuchten Jahreszeit zwischen Weihnachten und Ostern herrscht für einige Wochen regnerisch-kühles Wetter.

Alle paar Jahrzehnte bricht ein Hurrikan über den Archipel herein, zuletzt im September 1992, als der Wirbelsturm »Iniki« auf Kaua'i wütete. Lebensgefährlich ist aber auch diese Naturgewalt nicht mehr – die Warnsysteme sind zuverlässig, und schlimmstenfalls wird eine bedrohte Insel evakuiert.

MIT DEM MIETWAGEN UNTERWEGS

Abgesehen von O'ahu ist für eine individuelle Reise auf den Inseln ein Mietwagen unerläßlich – am besten ein Cabrio, denn wo ließe es sich schöner offen fahren als, umfächelt vom milden Passatwind, auf Hawai'i. Wer etwa auf Big Island und Lana'i auf nicht asphaltierten Pisten in die Berge und zu einsamen Stränden vordringen möchte, sollte auf einen Geländewagen zurückgreifen – für normale Fahrzeuge sind diese Pisten nicht zugelassen. Sehr beliebt ist auf Maui auch die Motorradmiete, die kurvenreichen Straßen der Insel eignen sich bestens für einen Ritt mit der Harley.

Zum Mieten eines Wagens genügt der nationale Führerschein, das Mindestalter des Fahrers beträgt 21 Jahre. Obwohl es in allen wichtigen Zentren Mietwagenfirmen gibt, empfiehlt es sich dringend, den Wagen schon zu Hause zu buchen: Die Angebote sind generell günstiger, und zudem sind fast immer Haftpflicht- und die (in den USA teure) Vollkaskoversicherung im Preis inbegriffen. Wenn Sie nicht – wie üblich – mit Kreditkarte bezahlen, müssen Sie auf jeden Fall eine größere Geldsumme hinterlegen. Bei der Übernahme des Wagens sollte man sich kurz einweisen lassen. Die Highways sind in der Regel in gutem Zustand, oft aber kurvig und schmal – die in den Staaten üblichen endlosen und schnurgeraden Asphaltbänder wird man in Hawai'i nicht finden.

ANREISE

Die Anreisezeit von Europa ist lang: Zwischen 16 und 20 Stunden ist man in der Luft, dazu kommen noch die Umsteigezei-

8

HAWAIISCH FÜR ANFÄNGER

Die alte hawaiische Sprache, die mit dem Tahitianischen nahe verwandt ist, hört man heute nur noch selten. Doch viele Namen und Lehnwörter wurden in die Umgangssprache der Inseln übernommen: der Gruß »aloha« ist überall gebräuchlich, ebenso «mahalo» (danke); auf Toilettentüren steht häufig «kane» (Mann) oder «wahine» (Frau), und auf Verbotsschildern prangt in großen Lettern «kapu» (tabu, gesperrt). Gewöhnungsbedürftig sind für Besucher die längeren hawaiischen Ortsnamen, die oft sehr ähnlich klingen, da die hawaiische Sprache mit fünf Vokalen (a, e, i, o, u) und nur sieben Konsonanten auskommt. Eine Sonderstellung nimmt der Glottal (‘) ein, ein zusätzlicher Konsonant, der in eurpäischen Sprachen nicht als eigener Buchstabe vorkommt, aber im Hawaiischen Wortbedeutung und Aussprache stark beeinflußt. Er klingt wie ein kurzer Knacklaut, eine Pause, wie sie auch bei uns in manchen Wörtern gesprochen wird – etwa zwischen den Vokalen in «Trauung». Dieser von den Missionaren bei der Verschriftung des Hawaiischen vergessene Buchstabe wird neuerdings immer häufiger verwendet – in offiziellen Schriftstücken, auf Straßenschildern und auch in Zeitungen. Eine späte Verneigung vor der Kultur der Ureinwohner.

1

ten. Nonstopflüge von Deutschland nach Hawai‘i gibt es bisher nicht; man muß ein- bis zweimal in den USA oder Kanada umsteigen. Um die Reise nicht zu beschwerlich zu machen, empfiehlt sich daher ein (meist ohne Aufpreis möglicher) Stop-over, zum Beispiel in New York (etwa mit «Delta Airlines»), San Francisco («Northwest Airlines») oder Vancouver («Canadian Airlines International»). Vor allem bei der Rückreise sollte man einen Zwischenstopp von ein bis zwei Tagen einlegen – der Körper verkraftet dadurch die Zeitumstellung etwas leichter (siehe Seite 68).

Die Preise für Flugtickets sind in den letzten Jahren relativ günstig geworden. In der Nebensaison im Herbst und Frühjahr sind Schnäppchen ab 1500 Mark für den Hin- und Rückflug möglich, in der Hauptsaison im Sommer und Winter muß man mit rund 2000 bis 2300 Mark in der Economy class rechnen.

Für die Einreise genügt ein noch für mindestens drei Monate gültiger Reisepaß. Nur wenn man länger als neunzig Tage bleiben möchte, ist ein Visum erforderlich – zu erhalten bei den Konsulaten und Botschaften der USA im Heimatland. Neben persönlichem Reisegepäck dürfen in die USA zollfrei eingeführt werden: zweihundert Zigaretten oder fünfzig Zigarren oder zwei Kilo Tabak sowie ein Liter Spirituosen und Geschenke im Wert von bis zu 100 Dollar. Strikt verboten ist in Hawai‘i die Ein- und Ausfuhr von frischen Lebensmitteln (zum Beispiel Obst oder Wurst) und Pflanzen. Einzige Ausnahme dieser Regel sind die speziell verpackten Orchideen und Ananas, wie sie etwa in den Flughafenläden verkauft werden.

UNTERWEGS IN HAWAI‘I

Flugzeug. Die meisten Flüge aus Europa und den USA landen auf dem Honolulu International Airport (Kürzel: HNL) etwas westlich der Großstadt Honolulu auf der Insel O‘ahu. Der Interisland Terminal neben dem internationalen Ankunftsgebäude ist das Drehkreuz für innerhawaiische Flüge. Von hier aus lassen sich die anderen Inseln gut mit den Fluggesellschaften «Aloha Airlines», «Hawaiian Airlines», «Aloha Island Air» oder «Mahalo Air» erreichen. Zu allen größeren Inseln des Archipels gibt es Flugverbindungen im Stundentakt.

Bus. In Honolulu ist ein Mietauto unnötig, denn das Routennetz von «The Bus» überzieht engmaschig die ganze Stadt und bietet auch gute Verbindungen zwischen Waikiki

2

1 In den feudalen Hotels von Princeville kann man sich nach Herzenslust verwöhnen lassen. Der Name des Ortes an der Nordküste von Kaua‘i erinnert an den Sohn Kamehamehas IV. und seiner Gemahlin Emma; als Zweijähriger bezauberte er einen Zuckerrohr- und Kaffeepflanzer derart, daß dieser seine Plantage Princeville nannte.

2 Im Kunsthandwerk leben uralte Techniken fort, wie das Flechten von Körben aus Palmblättern. Auf Big Island.

3

4

3 Bunt, frisch und aromatisch: hawaiische Drinks wie Flowing Lava und Mai Tai.

4 Gaumenfreuden in betörender Vielfalt: Buffet im «Royal Lahaina Resort» auf Maui.

und der Innenstadt – zudem sind Parkplätze in Waikiki schwer zu finden und die Parkhäuser teuer. Eine Linie der Stadtbusse führt in vierstündiger Fahrt sogar rund um die ganze Insel O'ahu. Fahrplaninformationen erhalten Sie unter Tel. 848-5555. Auf den übrigen Inseln verkehren Busse gar nicht oder nur sehr sporadisch und sind daher zum Sightseeing nicht zu empfehlen.

UNTERKÜNFTE

Die vier großen Inseln O'ahu, Kaua'i, Maui und Big Island sind touristisch bestens erschlossen: Die Palette der Unterkünfte reicht von Mittelklassehotels über Luxuslodges bis hin zu gemütlichen Bed-and-Breakfast-Homes. Lana'i besitzt zwei exklusive Golferresorts sowie ein älteres Landhotel, Moloka'i nur einige einfache kleine Hotels und ein Ferienresort. Die sonst für Amerika so typischen Motels findet man kaum, denn die meisten Besucher in Hawai'i reisen nicht ständig umher, sondern buchen eher ein Hotel am Strand für den «Urlaub am Stück». Im Pauschalpaket wird der Urlaub meist auch preiswerter, denn das Preisniveau bei Einzelbuchungen ist recht gesalzen.

In der Hochsaison zwischen Weihnachten und Ostern sowie im Hochsommer empfiehlt es sich, Buchungen bereits von zu Hause aus vorzunehmen. Zur Nebensaison im Frühjahr und Herbst kann es ganz reizvoll sein, nur für die ersten Nächte nach der Ankunft in Honolulu eine Festbuchung zu machen, sich dann vor Ort umzusehen und nach Sonderangeboten zu fragen. Bei der kurzfristigen Zimmersuche sind die örtlichen Visitors Bureaus behilflich.

Auch die großen Hotelketten sind in Hawai'i reichlich vertreten. Die «Sheraton Hotels», «Hyatt Hotels» oder «Westin Hotels» verfügen über Auskunftsstellen in Deutschland, die zum Ortstarif anzurufen sind. Gute Mittelklassehotels und auch einige erstklassige Strandresorts bieten die «Outrigger Hotels», die größte Hotelkette auf dem Archipel. Auskunft in Deutschland bei: «Wiechmann Tourism Services», Scheidswaldstraße 73, 60385 Frankfurt/Main, Tel. 0 69/44 60 02, Fax 43 96 31.

ESSEN UND TRINKEN

Frischer Fisch steht auf den Speisekarten Hawai'is natürlich ganz obenan. Typisch sind beispielsweise *mahimahi* (Goldmakrele) oder auch *ahi* (Thunfisch). Neben Fischlokalen und amerikanischen Restaurants findet man aber auch viele sehr gute Restaurants mit den Nationalküchen der Einwanderer aus Asien, Europa und Mittelamerika. Seit Mitte der achtziger Jahre hat sich aus diesem Potpourri eine innovative junge, Hawai'i-typische Küche entwickelt, die *Pacific Rim Cuisine:* Leichte, frische Produkte von den Inseln werden auf französische oder italienische Art zubereitet und mit asiatischen Gewürzen verfeinert. Da gibt es hawaiische Riesenkrabben, die nach Thai-Art mit Sesam überkrustet werden, tropische Früchte zu feinen Saucen oder Fisch mit Ingwerstückchen – alles reizvolle Kombinationen. Landestypisch, handfest und immer gut sind die *Plate Lunches,* meist deftige Tagesgerichte, die großzügig auf die Teller gehäuft werden und eine bunte Mischung verschiedener Küchen darstellen.

Schon die alten Hawaiianer speisten meist im Freien, und die Tradition wird heute als Picknick fortgeführt. In vielen Supermärkten kann man dafür fertige Salate, Sandwiches oder auch japanische *Bento boxes* kaufen, Picknickkörbe, deren Inhalt man sich selbst zusammenstellt. Die althawaiischen Gerichte dagegen stehen nicht mehr sehr häufig auf den Menükarten: *poi* zum Beispiel, der klebrige, säuerliche Brei aus zermahlenen Tarowurzeln, ist auch nicht jedermanns Sache. Beliebter ist schon das *Kalua pig,* Schwein aus dem Erdofen. Hierbei geht es nicht nur um den Essensgenuß allein, sondern auch um eine ganze Zeremonie. Beim *Lu'au,* dem hawaiischen Festmahl, wird das Schwein mit glühenden Kohlen im Erdofen gebacken und dann als Hauptgang serviert. Heute können Besucher an einem Lu'au in fast allen größeren Hotels teilnehmen. Leider wird dieses traditionelle Festmahl oft recht touristisch verkitscht und mit einer polynesischen Show etwas übertrieben garniert.

Übrigens kann man zum deftigen Schwein sehr wohl auch ein Bier trinken, auch wenn der berühmte Gassenhauer behauptet, es gäbe kein Bier auf Hawai'i. Man hat die Wahl zwischen dem dünnen amerikanischen

Bier sowie Importbieren aus Japan, Australien und Mexiko. Auch hervorragende kalifornische Weine stehen häufig auf der Karte. Typischer für Hawai'is Inseln sind aber die aromatischen Fruchtsäfte aus Guave, Passionsfrucht, Ananas oder Mango. Mit Alkohol und raffinierten Zutaten werden daraus tropische Drinks wie *Piña Colada*, *Mai Tai* oder *Daiquiri*. Und auf jeden Fall einmal probieren sollten Sie einen *Blue Hawai'i* aus Eisschnee, Rum, Ananassaft und blauem Curaçao.

EINKAUFEN UND SOUVENIRS

Einen Hauch der Tropen mit nach Hause zu nehmen ist mit vielen Mitbringseln aus Hawai'i möglich. Als sehr beliebte und schmackhafte Souvenirs bieten sich zum Beispiel exotische Marmeladen aus Guaven und Papayas, duftender Kiawehonig, tropische Früchte, Macadamianüsse und echter hawaiischer Kona-Kaffee an. Etwas dauerhafter sind als Mitbringsel Kassetten mit hawaiischer Ukulelemusik oder typisches Kunsthandwerk, wie Schalen aus Koaholz und Lei-Ketten aus polierten Samenkörnern. Nicht zu vergessen der bekannteste Farbtupfer des Archipels: das knallige Hawai'i-Hemd aus Baumwolle mit den üppigen Blumenmotiven. Die Damen müssen den Herren in puncto Farbe übrigens nicht nachstehen: Sie kleiden sich auf den Inseln in bunte *mu'umu'us*, Wickelkleider auf hawaiische Art.
Shopping im großen Stil ist hauptsächlich in Honolulu möglich. Die Einkaufszentren «Ala Moana Shopping Center», «Ward Warehouse» und «Ward Center» am Ala Moana Boulevard zwischen der Innenstadt und Waikiki bieten alles, was zu einem gepflegten Einkauf gehört – edle Designerboutiquen genauso wie Drugstores und Sportgeschäfte. Aber Vorsicht: die Preise für Markenartikel wie «Gucci», «Versace», «Vuitton» oder «Escada» sind kaum günstiger als in Europa. Alle touristischen Bedürfnisse sind am besten in Waikiki zu stillen; dort gibt es preiswerte T-Shirts und Sandalen, Sonnenöl und Postkarten. Die weitverbreitete Kette der «ABC-Stores» ist von A bis Z mit allem ausgerüstet, was man für das Strandleben und darüber hinaus so braucht.

1

HAWAI'I: EIN PARADIES FÜR WANDERER

Vor allem die State und National Parks des Archipels bieten die eindrucksvollsten Landschaften und ideale Bedingungen für Hiking-Freunde. Die Rangers markieren und pflegen die Trails, und oft gibt es in den Visitors Centers der Parks neben Wanderkarten auch detaillierte Informationen über die Flora und Fauna entlang des Weges. Maui etwa zeigt sich bei Tageswanderungen durch die bizarre Mondlandschaft im Haleakala-Krater von seiner interessantesten Seite. Auf Big Island läuft man im Hawai'i Volcanoes National Park auf dem rund zweistündigen Pfad durch den pechschwarzen Kilauea-Iki-Krater über die noch warme, dampfende Lava.
Die beste Adresse für Wanderer ist jedoch Kaua'i: Im Koke'e State Park führen Trails zu spektakulären Ausblicken über den Waimea Canyon, unten an der Küste lädt der Kalalau Trail zu Wandertouren entlang der wildromantischen, von üppigem Dschungel überwucherten Na Pali Coast. Wer möchte, kann sogar im verschwiegenen Kalalau Valley am Ende des 18 Kilometer langen Trail campen – auf einem Zeltplatz in perfekter Südseeidylle, umrahmt von riesigen Klippen und rauschenden Wasserfällen.

FESTE, FEIERTAGE, VERANSTALTUNGEN

Offizielle Feiertage sind wie überall in den USA: Neujahr, Martin Luther King, Junior Day (dritter Montag im Januar), President's Day (dritter Montag im Februar), Memorial Day (letzter Montag im Mai), der Unabhängigkeitstag (4. Juli), Labor Day (erster Montag im September), Columbus Day (zweiter Montag im Oktober), Veteran's Day (11. November), Thanksgiving (vierter Donnerstag im November) und Weihnachten am 25. Dezember. Zusätzlich feiern die Hawaiianer noch den *Prince Kuhio Day* am 26. März zur Erinnerung an den ersten Delegierten Hawai'is im amerikanischen Kongreß, den *Admission Day* (dritter Freitag im August), und – mit großen Paraden – den *King Kamehameha Day* am 11. Juni.
Neben den offiziellen Feiertagen gibt es zahlreiche Sport-, Musik- und Hulawettbewerbe sowie viele Feste der Einwanderer. Besonders beliebt sind zum Beispiel das *chinesische Neujahrsfest* in der Chinatown von Honolulu Anfang Februar, das *japanische Kirschblütenfest* zu Anfang März und das große *Rodeo* auf der Parker Ranch am 4. Juli. Zwischen Mitte September und Mitte November findet reihum auf allen Inseln die *Aloha Week* statt, eine festliche Woche mit Konzerten, Kanurennen und Hulawettbewerben. Einen detaillierten Veranstaltungskalender halten die Visitors Bureaus bereit.

3

2

1 «Surfer» wird diese Petroglyphe im Hawai'i Volcanoes National Park genannt.

2 Stolz posieren die Mitglieder des Kawaikini Canoe Club mit ihrem Kanu nebst Paddeln. Auf Kaua'i.

3 Der Wailua River auf Kaua'i gehört zu den wenigen schiffbaren Flüssen des Archipels.

Gaben für die Toten und die alten Götter: Gräber auf dem Friedhof der Palapala Ho'omau Church auf Maui (4) und bei Kehena an der Puna Coast auf Big Island (5 und 6).

4

5

EISENHARTER WETTKAMPF: DER IRONMAN TRIATHLON

Jedes Jahr Ende Oktober sieht man sie wieder auf Big Island, die sehnigen, durchtrainierten Frauen und Männer mit den entschlossenen Gesichtern. Beim härtesten athletischen Wettkampf der Welt nehmen rund fünfzehnhundert Teilnehmer den Kampf auf gegen die Uhr. Der »Ironman Triathlon« hat seinen Namen nicht von ungefähr, denn die Sportler müssen wirklich »eisenharte Kerle« sein, um das Mammutprogramm durchzuhalten: 3,9 Kilometer Schwimmen im Ozean, 180 Kilometer Radfahren und 42,2 Kilometer Marathonlauf haben sie ohne Pause, zu bewältigen.
1978 hatten sportbegeisterte Marineoffiziere das Rennen ins Leben gerufen und damit Kailua-Kona, den Austragungsort des Super-Konditionstests, weltberühmt gemacht. Die Champs erbringen dort schier übermenschliche Leistungen: Mark Allen etwa, der schon mehrmals als erster die Ziellinie erreicht hat, durchläuft die drei Disziplinen in gut acht Stunden. Aber auch die Frauen schneiden beim »Ironman« kaum schlechter ab: Paula Newby-Fraser, jahrelang die Top-Athletin, absolviert den Triathlon in nicht einmal neun Stunden.

SPORTLICHE AKTIVITÄTEN

Wandern, Radfahren, Tauchen, Schwimmen, Reiten, Surfen, Golfen, Tennisspielen, Paragliden, Angeln – es gibt kaum eine Sportart, für die Hawai'i nicht ideale Bedingungen bieten würde. Und alles geschieht draußen, bei strahlender Sonne – eine Vorstellung, bei der man in unseren Breiten neidisch werden könnte. Bei der Suche nach Surf- oder Tauchschulen, Fahrradverleihen, Reitclubs und anderen Adressen helfen die Hotelconcierges und die Visitors Bureaus weiter. Einige Örtlichkeiten eignen sich jedoch so gut für bestimmte Sportarten, daß man sich im Vorfeld bereits für eine Insel entscheiden sollte, wenn man seinem Lieblingssport ausgiebig frönen möchte.
Zum Beispiel *Surfen:* Als Anfänger kann man in Waikiki schnell Erfolgserlebnisse verbuchen, weil hier die Wellen sanft ausrollen und relativ flach sind. Zu den Riesenwellen des North Shore von O'ahu sollte man besser nur als Zuschauer bei einer der Surfmeisterschaften anreisen (siehe Seite 23). *Windsurfer* schwören nicht so sehr auf O'ahu, sondern eher auf Maui mit seinen idealen Surfrevieren. Mit ihren kleinen Buchten lockt die zweitgrößte Insel des Archipels auch viele *Schnorchler* und *Taucher* an. Für Unterwasserfreunde hat Hawai'i überhaupt viel zu bieten: bizarre Riffe vor Lana'i, die mit ihren Kuppeln und fensterartigen Öffnungen fast wie Kathedralen wirken, oder etwa die Kealakekua Bay auf Big Island mit ihren bunten Fischschwärmen. Mit etwas Glück kann man dort auch Delphine erleben, die ab und zu neugierig zu den Tauchern schwimmen. Die Kona-Küste von Big Island ist auch ein beliebtes Revier der *Hochseeangler,* die hier Marlins und Thunfischen nachstellen.
Golfer finden in Hawai'i einige der schönsten Plätze der Welt. Mittlerweile besitzt fast jedes größere Hotel einen eigenen. Zwei der exklusivsten Golfplätze befinden sich auf Lana'i, aber auch die von Princeville auf Kaua'i, Kapalua auf Maui und Mauna Kea auf Big Island zählen zur Weltklasse.

6

FREISTAAT ODER BUNDESSTAAT?

Hawai'i heute

Bis vor hundert Jahren war Hawai'i noch ein eigenständiges Königreich, doch heute sind weniger als ein Prozent der Hawaiianer noch reinblütige Polynesier. Fast wäre ihre alte Kultur in Vergessenheit geraten, doch seit den siebziger Jahren regt sich ein neues Selbstbewußtsein.

Ortstermin am 'Iolani Palace in der Innenstadt von Honolulu: Es ist der 17. Januar, und vor dem alten Königspalast demonstriert wie jedes Jahr ein kleines Grüppchen von Monarchisten. Sie sind Nostalgiker, unverbesserliche Träumer, die sich die guten alten Tage des hawaiischen Königreiches zurückwünschen. Ihr Traum bleibt jedoch relativ chancenlos, der Archipel ist heute ein fester Bestandteil der USA, und »Uncle Sam« hat das Inselreich fest im

Eine Rednerin setzt sich für die Unabhängigkeit Hawai'is ein.

Griff. Dennoch, die königstreuen Demonstranten sind Teil einer stärker werdenden Bewegung in der Bevölkerung der Inseln, die immer lauter die Unabhängigkeit Hawai'is fordert und altes Unrecht anprangert. Am 17. Januar 1893 stürmten amerikanische Plantagenbesitzer, die schon längst die eigentliche Macht in Hawai'i besaßen, mit Hilfe der Soldaten eines US-Kriegsschiffes den Königspalast und zwangen die damalige Königin Lili'uokalani (1838–1917) abzudanken. Das hundertjährige Königreich Hawai'i war am Ende, und die Inseln wurden wenig später von den USA annektiert. Damit begann das letzte Kapitel im langen, schmerzvollen Niedergang des hawaiischen Volkes. Die polynesische Kultur verwässerte zu seichten Tourismusklischees, der Hulatanz, einst ein religiöses Ritual, wurde zum Touristenspektakel, Fischfang und Taroanbau verschwanden in wirtschaftlicher Bedeutungslosigkeit, Englisch wurde die offizielle Sprache des Landes und das Hawaiische zur Randerscheinung. Schon zuvor hatten weiße Missionare den Insulanern ihre Religion und ihre Riten genommen, hatten weiße Großgrundbesitzer das Land unter sich aufgeteilt. Den Hawaiianern blieb nur die Erinnerung.

Erst während der letzten zwanzig Jahre begann eine behutsame Renaissance der hawaiischen Abstammung. Ende der achtziger Jahre wurde sogar erstmals ein Hawaiianer zum Gouverneur des fünfzigsten Bundesstaates gewählt. Das von ihm tatkräftig unterstützte Ministerium für hawaiische Angelegenheiten befaßt sich seither verstärkt mit den Ansprüchen der Ureinwohner. Und seither ist auch das Thema Unabhängigkeit und damit eine mögliche Loslösung von den USA ständiges Thema in den Zeitungen der Inseln. Die königstreuen Demonstranten vor dem 'Iolani Palace wer-

Der 'Iolani Palace im Trauerflor zum Gedenken an den Verlust der Unabhängigkeit.

alten Traditionen in Hawai'i, und die Nachkommen der Ureinwohner entwickelten neuen Stolz auf ihre Herkunft. Einer der Auslöser war die Reise des traditionellen Segelkanus »Hokule'a« von Hawai'i nach Tahiti im Jahr 1975. Die Polynesian Voyaging Society in Honolulu hatte das Schiff originalgetreu nachgebaut, um zu beweisen, daß die Hawaiianer einst tatsächlich die weiten Entfernungen des Pazifiks gezielt durchsegelten. Die Fahrt der »Hokule'a« bewies die hohe Kunst der polynesischen Seefahrer und führte zu neuem Interesse an der hawaiischen Kultur. Überall auf den Inseln entstanden in den letzten Jahren neue, traditionell orientierte Hulaschulen; hawaiische Handwerkskünste, Sportarten wie etwa Wettrennen mit Auslegerkanus und die hawaiische Sprache wurden wiederbelebt. In Hilfsprogrammen wurden etwa auf Moloka'i sogar Landparzellen an Nachkommen der Ureinwohner zurückgegeben, die wieder als Kleinbauern und Fischer leben wollen.

Zwar sind heute nur noch etwa zehntausend Hawaiianer reinblütig polynesischer Herkunft, doch rund 20 Prozent der 1,2 Millionen Einwohner der Inseln bekennen sich heute zu einer zumindest teilweisen

Traditionelle hawaiische Trauerkleidung hat dieser Demonstrant angelegt.

den wohl das Rad der Zeit nicht zurückdrehen können, und Hawai'i wird auch nicht in den nächsten Jahren ein Freistaat werden. Doch allein schon die öffentliche Aufmerksamkeit gibt den Ureinwohnern neuen Stolz und trägt nicht unerheblich zum Fortleben ihrer uralten Kultur bei.

Bizarre Muster erstarrter Lavamassen im Hawai'i Volcanoes National Park. Die polynesische Mythologie führt Vulkanausbrüche auf den Zorn der Feuergöttin Pele zurück.

Die Upper Pools gehören zu den «Sieben Teichen» im Haleakala National Park auf Maui.

Abenddämmerung im Launiopoko State Wayside Park bei Lahaina auf Maui. Der Blick schweift weit über das Meer und bleibt an der gegenüberliegenden «Ananasinsel» Lana'i hängen.

NATUR WIE IM GARTEN EDEN

Flora und Fauna des Archipels

Schon als die ersten polynesischen Siedler Hawai'i erreichten, begann die heile Welt der jungfräulichen Vulkaninseln zu bröckeln. Doch erst mit der Ankunft der weißen Siedler Ende des 18. Jahrhunderts nahm der Eingriff in das Ökosystem des Archipels drastische Formen an. Denn die neuen Siedler schleppten nicht nur Krankheiten ein, sondern auch viele Tiere und Pflanzen, die die einheimische Flora und Fauna verdrängten.

Tatsächlich war Hawai'i ursprünglich ein Paradies der friedlichen Koexistenz. Da gediehen üppige, rotblühende Ohiabäume, die den Akazien verwandten Koabäume, viele farbenprächtige Hibiskusarten oder auch riesige Baumfarne in den feuchten Gegenden der Inseln. Auf dem fruchtbaren Lavaboden konnten sich die Pflanzen rasch vermehren, und durch die unterschiedlichen Klimazonen auf den Inseln bildeten sich immer neue Arten aus.

Die Pflanzen und Tierarten, die sich im Lauf von Jahrmillionen ansiedelten, waren zu 89 Prozent endemisch, kamen also nur hier vor. Nur alle fünfzig- bis siebzigtausend Jahre, so schätzen Wissenschaftler heute, gelang es einer neuen Spezies, in Hawai'i Fuß zu fassen. So wurden Samen von Büschen oder Bäumen angeschwemmt oder Sporen durch Stürme übers Meer geblasen. Lediglich zwei Säugetiere brachten das Meisterstück der »Einbürgerung« fertig, die hawaiische Mönchsrobbe und eine kleine Fledermausart. Die über fünfzig Arten des honigsuchenden Baumläufers verdanken ihre Existenz, so vermutet man, einigen Finkenpärchen, die durch einen Sturm von Südamerika nach Hawai'i getragen wurden. Mit unterschiedlichen Schnabelformen und Farben paßten sich diese Vögel ihrer Umgebung an und verwandelten sich in verschiedene Arten.

Gerade die Vögel konnten sich in Hawai'i gut entwickeln: Pflanzliche Nahrung hatten sie genug, Feinde gab es keine. Die Folge war, daß manche sogar das Fliegen verlernten und sorglos am Boden brüteten. Als die weißen Siedler gegen die eingeschleppten Ratten vorgehen wollten, setzten sie extra aus Indien herbeigeschaffte Mungos aus – eine für die Vogelwelt fatale Entscheidung. Denn Mungos sind, im Gegensatz zu Ratten, tagsüber aktiv – und so stellten sie nicht den Ratten nach, sondern räuberten die Vogelnester aus.

Ein ähnliches Schicksal hatten viele hawaiische Arten zu erleiden. Von Menschen eingeführte Ziegen, Rinder und Schafe setzten den Büschen und jungen Bäumen zu, Katzen und Hunde jagten den Vögeln nach, und Schweine verursachten enorme Erosionsschäden an den Berghängen. Von den einst rund zweitausendfünfhundert verschiedenen Pflanzen und Tieren und zehntausend Insektenspezies Hawai'is ist bereits ein gutes Drittel ausgestorben, und es leben hier die meisten gefährdeten Arten der USA.

Heute versucht man in Hawai'i, die endemischen Arten in zahlreichen Rückzugsgebieten wieder zu fördern und zu schützen. Die Nenegans etwa, das Wahrzeichen Hawai'is, die stark unter den Mungos leiden mußte, kann sich jetzt zum Beispiel in den Alaka'i-Sümpfen auf Kaua'i oder in den Farnwäldern Big Islands wieder ungestört vermehren, ebenso wie das berühmte *silversword*, eine Sonnenblumenart mit silbrig schimmernden Härchen. Sie gedeiht nur in der Gipfelregion des Haleakala und wurde fast gänzlich von Ziegen abgefressen. Im – umzäunten – Haleakala National Park hat auch sie nun wieder eine Chance.

Die Siedler brachten der einheimischen Flora und Fauna nicht nur Schwierigkeiten, sondern ergänzten sie auch durch neue, fruchtbare Arten. Die Polynesier brachten Kokospalmen, die weißen Siedler bauten Kaffee an, pflanzten Mangos, Papayas, Litschis, Bananen und Ananas. Nicht zu vergessen sind da noch die vielen Orchideenarten, die Hawai'i mit Sicherheit ein gutes Stück reicher und bunter gemacht haben.

3

Rund zweitausendfünfhundert Pflanzen- und Tierarten waren vor der Ankunft der Menschen in Hawai'i heimisch, die meisten einzigartig und nur auf diesen Inseln zu Hause. Die Siedler führten zahlreiche neue Spezies ein – und störten das Gleichgewicht der Natur nachhaltig.

1

2

4

1 Silversword auf Maui. – 2 Flamingoblume im Waimea Falls Park (O'aha). – 3 Die Nenegans, Staatsvogel Hawai'is. – 4 Tabebujabaum in Waimea (Kaua'i).

SEHENSWERTE ORTE UND LANDSCHAFTEN VON A BIS Z

Ziffern im Kreis verweisen auf die entsprechenden Karten Seite 80, 82, 86 und 87, kursive Seitenzahlen auf Abbildungen.

HAWAI'I/BIG ISLAND

Akaka Falls State Park ①. Das kleine Schutzgebiet rund 30 Kilometer nördlich von Hilo wirkt wie ein natürlicher botanischer Garten: Auf dem halbstündigen Rundweg spaziert man durch einen tropischen Regenwald mit Orchideen, blühenden Ingwerbüschen und Bambuswäldchen. Beeindruckend sind die beiden Wasserfälle des

1

Naturparks: die 120 Meter hohen *Kahuna Falls* und die 135 Meter hohen *Akaka Falls*, die über dunkle Lavaklippen steil in die Tiefe stürzen. *44*

Captain Cook ②. Das hübsche historische Farmerstädtchen liegt hoch am Berghang der südlichen Kona Coast oberhalb jener Stelle, an der im Jahr 1779 Captain James Cook, der »Entdecker« Hawai'is, in der *Kealakekua Bay* ermordet wurde. Ein weißer Obelisk am Nordufer der Bucht erinnert an ihn. Bei der Anfahrt zum Südufer der Bay ist in der *Mauna Loa Coffee Mill* bei Napo'opo'o zu sehen, wie hawaiischer Kaffee geröstet wird. *51*

2

1 In einem abgelegenen Winkel an der Ostküste von Big Island liegt bei Kalapana die «Painted Church».

2 Blick auf Hilo an der Hilo Bay, der «Mondsichelbucht», so die poetische Bedeutung ihres hawaiischen Namens.

Hawai'i Volcanoes National Park ③. Das 93 000 Hektar große Schutzgebiet ist die berühmteste Attraktion auf Big Island, denn hier läßt sich ein tätiger Vulkan »live« und gefahrlos erleben. Der 1916 gegründete National Park umschließt den aktiven Teil des *Mauna Loa*, von dessen Ostseite rotglühende Lava ins Meer fließt und Big Island stetig wachsen läßt. Im Mittelpunkt des Parks befindet sich die *Kilauea Caldera*, eine Kratermulde mit einem Durchmesser von vier Kilometern. Ihr Boden ist mit dicken Schichten erstarrter Lava bedeckt – Zeugnisse zahlreicher früherer Eruptionen. Von der Ringstraße des *Crater Rim Drive* bieten sich die besten Ausblicke über die schwarze Vulkanlandschaft. Angelegte Wanderwege erschließen die einzelnen vulkanischen Phänomene wie etwa den Seitenkrater des Kilauea Iki oder die *Thurston Lava Tube*, einen von Farnen umwucherten Lavatunnel. Sehenswert ist auch das *Jaggar Museum* mit seinen Seismographen und Dokumentationen über die Ausbrüche. Besonders beeindruckend ist die Fahrt auf der *Chain of Craters Road* bis zur etwa 50 Kilometer entfernten Küste. Je

3 Die aromatischen Früchte der Papaya schmecken wie eine Mischung aus Aprikose und Melone und sind sehr reich an Vitaminen.

4 Bizarre Lavaformationen im Hawai'i Volcanoes National Park.

5 Zahlreiche Arten von Farnen gedeihen in den feuchten, schattigen Waldgebieten Hawai'is. Im Akaka Falls State Park (Big Island).

6 Dem Hulihe'e Palace in Kailua-Kona auf Big Island, ursprünglich für den Inselgouverneur John Adams errichtet, gab König Kalakaua seine heutige Form.

3

4

5

nach Vulkantätigkeit ist dort aus nächster Nähe zu sehen, wie die Lava sich zischend ins Meer wälzt. Genauere Informationen über den Park verschickt der Superintendent, Hawai'i Volcanoes National Park, HI 96718,Tel. 808/967-7184. *39, 44, 75*

Hilo ④. Die Hauptstadt Big Islands mit ihren 38 000 Einwohnern ist vom Tourismus wenig berührt – hier an der Ostküste regnet es einfach zu oft. So ist Hilo ein Provinzstädtchen geblieben, das hauptsächlich von Blumenzucht, Obstplantagen und dem Fischfang lebt. Wie erfolgreich die Fischer waren, kann man frühmorgens beim *Suisan Fish Market* an der Lihiwai Street erkunden. Im Zentrum Hilos reihen sich um Kamehameha Avenue und Keawe Street Geschäfte, Restaurants und Cafés in Häusern der Jahrhundertwende aneinander. Die Geschichte Big Islands erzählt das *Lyman Museum* an der Ha'ili Street, zu dem ein Missionarshaus von 1839 gehört und das auch ausgezeichnete Mineralien- und Muschelsammlungen besitzt. Orchideen-Gärtnereien und botanische Gärten rund um Hilo wie etwa die *Nani Mau Gardens* oder die *Hawai'i Tropical Botanical Gardens* sind ebenso sehenswert. Einen kurzen Abstecher lohnen die Wasserfälle im Tal des Wailuku River: Über den *Rainbow Falls* leuchtet morgens oft ein Regenbogen, ein Stück weiter stromaufwärts tosen die *Pe'epe'e Falls* zu Tal. *49, 57*

Holualoa ⑤. Ein herrlicher Panoramablick über die ganze Westküste, pittoreske Holzhäuser und Galerien mit Gemälden, Töpferwaren und Batiktüchern warten in dem winzigen Künstlerort oberhalb von Kailua-Kona. Im Plantagenland ringsum gedeihen Kaffee, Mangos, Bananen und Papayas.

Honaunau ⑥ ist ein verträumtes Plantagendorf mit idyllischen, grün umrankten Gärten und einer farbenfroh bemalten Kirche, der 1899 erbauten *St. Benedict's Painted Church*. Größte Attraktion ist aber die althawaiische Tempelanlage des *Pu'uhonua O Honaunau National Historical Park*. Einst wurden hier die hawaiischen Könige begraben, und Tabubrecher fanden in den Tempeln Zuflucht vor ihren Verfolgern. *60*

6

Kailua-Kona ⑦. König Kamehameha I. verbrachte in der althawaiischen Königsstadt auf der sonnigen Westseite Big Islands seinen Lebensabend. Der königliche Privattempel, das *Ahu'ena Heiau*, ist heute als Rekonstruktion vor dem Hotel King Kamehameha neben dem Pier zu sehen. Rings um den Hafen blieben noch weitere Relikte der frühen Tage erhalten: der heute als Museum geführte, 1838 erbaute *Hulihe'e Palace* etwa, einst die Sommerresidenz der hawaiischen Monarchen, und die aus Korallenblöcken erbaute *Moku'aikua Church*, deren 34 Meter hoher Turm das Wahrzeichen der Stadt ist. Sie markiert die Stelle, an der 1820 die ersten Missionare auf Hawai'i an Land gingen. Rund um die historischen Stätten regiert heute längst der Touristenrummel. Entlang der Hauptstraße Ali'i Drive laden etliche kleine Shopping-Malls zum Bummeln ein. In der Hafenbucht legen nachmittags oft die Hochseeangler an und präsentieren stolz ihren Fang.

Kamuela ⑧. Der alte Ranch-Ort – früher Waimea genannt – geht zurück auf John Palmer Parker, der im Jahr 1809 nach Hawai'i kam und die Parker Ranch gründete – mit 900 000 Hektar Fläche die größte private Ranch Amerikas. Noch heute weiden hier etwa fünfzigtausend Rinder. Kamuela selbst hat sich zu einem beliebten Wohnort für Künstler, betuchte Senioren und Sportler gemausert. Rund sechstausend Einwohner leben mittlerweile in dem von Wäldchen und Wiesen umrahmten Ort – ein idealer Ausgangspunkt für Rad- und Reittouren. Das kleine *Kamuela Museum* beherbergt eine etwas skurrile, aber sehr interessante Sammlung hawaiischer Kultur. *50, 51*

Kapa'au ⑨. In dem Städtchen am Nordende der bergigen Kohala-Halbinsel steht das Original der *Kamehameha-Statue* in Honolulu, die bei einem Schiffsunglück vor den Falklandinseln verlorengegangen und erst später wiedergefunden worden war. Etwas östlich von Kapa'au beginnt das einsame *Pololu Valley* mit seinem schwarzen Strand aus Lavakies, zu dem ein halbstündiger Wanderweg durch den Regenwald führt.

Kohala Coast ⑩. Auf den ersten Blick mutet die Nordwestküste der Insel sehr öde an: Rotbraune Lavafelder, so weit das Auge reicht. Doch biegt man vom Highway 19 ab und fährt zum Meer hinunter, erwarten einen zahlreiche kleine Buchten mit weißem Sand. Nicht verpassen sollte man einen Besuch der riesigen Tempelanlage *Pu'ukohola Heiau* bei Kawaihae und das teilweise rekonstruierte hawaiische Fischerdorf *Lapakahi* etwas nördlich davon. *52*

Mauna Kea ⑪. Der höchste Berg Hawai'is ist ein Paradies für Sterngucker: Auf dem 4205 Meter hohen Gipfel erkunden internationale Forscher von zehn Observatorien aus das All, denn mitten im Pazifik ist der Himmel so klar wie sonst kaum auf der

Erde. Eine Straße schlängelt sich hinauf bis zum Gipfel, der vor allem zum Sonnenuntergang einen Ausflug wert ist. Für die Bergstraße wie auch für die dorthin führende *Saddle Road* ist allerdings ein Wagen mit Allradantrieb vorgeschrieben. Im Information Center der *Mauna Kea State Recreation Area* auf 2700 Meter Höhe können Besucher mehr über die astronomischen Beobachtungen und auch über den Schildvulkan Mauna Kea erfahren. *46/47*

Pahoa ⑫. Die sechziger Jahre leben: In dem von Westernfassaden geprägten Farm-Ort am Highway 130 leben viele Aussteiger, die mit ihren Blumenkleidern und Stirnbändern deutlich an die Flower-power-Zeit erinnern. In dem von zahlreichen Lavaströmen durchzogenen Puna District ringsum warten allerlei Naturattraktionen: so etwa die umbrandeten Klippen des *Mackenzie State Park* oder die bizarren Formationen des *Lava Tree State Monument*. Als hier einst heiße Lava durch einen Ohiawald (siehe Seite 79) floß, ließ die Feuchte in den Stämmen die Lava schon erstarren, bevor die Bäume selbst verbrannten. Dadurch ragen nun Lavasäulen wie Gußformen für die Bäume aus der Erde. *50*

1

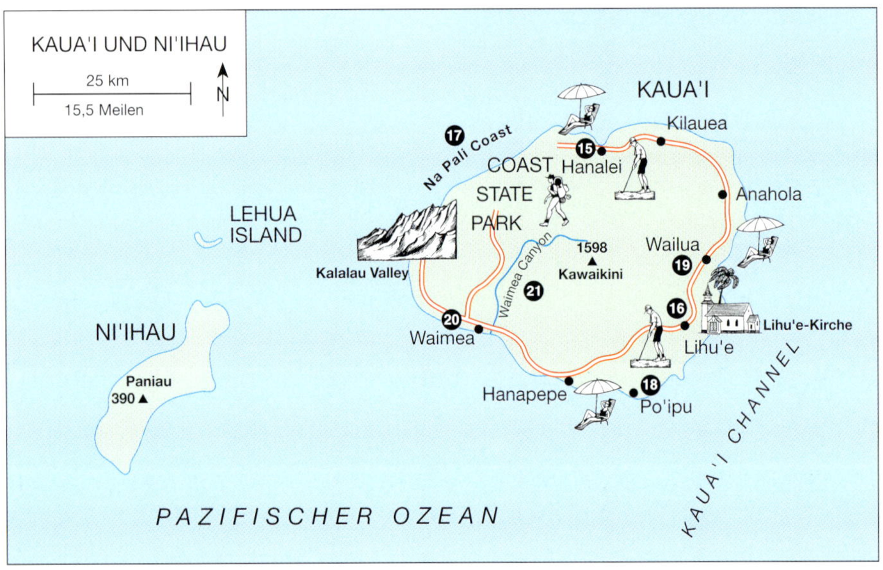

South Point/Cape Ka Lae ⑬. Die Südspitze von Big Island ist zugleich der südlichste Punkt der USA. Hier, am Kap von Ka Lae, hatten die Polynesier vermutlich Hawai'i entdeckt (siehe Seite 30), und hier stand auch eine der ältesten Siedlungen des Archipels. Zu Fuß oder per Jeep kann man auf einer Schotterpiste etwa acht Kilometer östlich des Kaps den *Green Sand Beach* erreichen. Der Strand in der kleinen Bucht schimmert tatsächlich grün, denn der Sand ist aus Olivingestein.

Waipi'o Valley ⑭. In dem tief eingeschnittenen Tal an der Nordküste wuchert die Natur in allen nur möglichen Grünschattierungen. Einst lag auf diesem idyllischen Fleckchen Erde das wichtigste Siedlungszentrum der Hawaiianer und auch der Sitz der Inselkönige. Seit jedoch 1946 eine riesige Flutwelle alle Häuser dem Erdboden gleichmachte, sind nur vereinzelt wieder einige Tarofarmer und Aussteiger hierher gezogen. Vom Eingang der nur mit Allradfahrzeugen zugänglichen Schlucht aus werden von »Waipi'o Valley Tours« Führungen zu den schönsten Stellen und Wasserfällen des Tals angeboten. *57*

KAUA'I

Hanalei ⑮. Umrahmt von sattgrünen Tarofeldern und den steilen Klippen der Nordküste liegt das nur vierhundert Einwohner zählende Dorf an einem der schönsten Flecken Hawai'is. Einige Läden an der Hauptstraße und das renovierte *Wai'oli Mission House*, ein Missionarshaus von 1837, sind die einzigen Attraktionen im Ort, doch die herrliche, sichelförmige Hanalei Bay markiert den Beginn der spektakulären *Na-Pali Coast*, die sich von hier nach Westen zieht. Malerische kleine Strandbuchten wie der im Filmmusical »South Pacific« berühmt gewordene *Lumaha'i Beach* warten gleich außerhalb Hanaleis. Auf einem Hochplateau östlich des Ortes liegt – mit fabelhaftem Blick über die Küste – die Ferienanlage von Princeville. *31, 32/33*

Lihu'e ⑯ an der Ostküste zählt zwar nur sechstausend Einwohner, ist aber die Insel-

3

2

1 Gespenstisch anmutender »Lavabaum« des Lava Tree State Monument.

2 Schroffe Klippen und fast spiegelglattes Meer: Abendstimmung an der Na Pali Coast auf Kaua'i.

3 Tarofelder im fruchtbaren Hanalei Valley auf Kaua'i, das schon die polynesischen Siedler nutzten.

4 Die kleine Wai'oli Hui'ia Church wurde 1912 ganz aus Holz gebaut und ist auch als «Green Church» bekannt.

5 Blick vom Waimea Beach im Südwesten von Kaua'i auf die «verbotene Insel» Ni'ihau, die sich bewußt gegen die Außenwelt abschirmt.

hauptstadt und einzige Hafenstadt Kaua'is. Hauptstraße des geschäftigen Örtchens ist die Rice Street, an der auch das *Kaua'i Museum* liegt, das die Natur- und Siedlungsgeschichte der Insel dokumentiert. Sehenswert ist außerdem die lutherische Kirche am Hügel über der großen Zuckermühle, die 1883 von deutschen Siedlern erbaut wurde.

Na Pali Coast ⑰. Fast 1000 Meter hoch ragen an der Nordküste Kaua'is die Lavaklippen aus dem Pazifik auf. An den Steilkanten ist der rote Fels zu sehen, in den tief eingeschnittenen Tälern grünt üppige tropische Vegetation. Dazwischen locken immer wieder kleine, verschwiegene Strandbuchten. Vom Ende der Straße am *Ke'e Beach* kann man nur zu Fuß weiter auf dem 18 Kilometer langen Kalalau Trail, der hart an den Steilabhängen entlangführt – hin und zurück eine zweitägige Tour. Das Teilstück bis zum *Hanakapi'ai Valley* läßt sich aber auch gut in einer Tagestour schaffen. *62/63*

Po'ipu ⑱. Hurrikan «Iniki» hatte 1992 den Ferienort an der sonnigen Südküste Kaua'is schwer verwüstet. Mittlerweile strahlen die Ferienresorts wieder in neuer Pracht, und die Sonnenanbeter tummeln sich an den Stränden. Am Westrand des Ortes spuckt der Meeresgeysir *Spouting Horn* im Rhythmus der Brandung eine hohe Wasserfontäne aus. Ein Stück weiter liegen die *National Tropical Botanical Gardens* mit einer umfassenden Sammlung hawaiischer Flora.

Wailua/Kapa'a ⑲. Der langgezogene Doppelort an der Ostküste ist mit zahlreichen Hotels, Apartmentanlagen und Restaurants Kaua'is größtes Ferienzentrum. Sehenswert sind die Wasserfälle und althawaiischen Tempelanlagen im Tal des Wailua River, etwa die *Opaeka'a Falls* und das *Holoholoku Heiau*. Die Bootstouren auf dem Fluß zur weltberühmten *Fern Grotto* sind allerdings eher eine Touristenfalle – zu kitschigen Gitarrenklängen werden die Besuchergruppen durch die an sich recht eindrucksvolle Höhle geschleust. *26/27, 34*

Waimea ⑳. Das verschlafene Plantagenörtchen war seit Urzeiten ein hawaiischer Siedlungsplatz. Hier ging Captain Cook im Januar 1778 erstmals in Hawai'i an Land, doch nur eine kleine Statue erinnert noch an die Entdeckungstat. Am Ortseingang liegen die Ruinen von *Fort Elisabeth*, einer Festung, die um 1815 von Russen erbaut wurde. Lohnenswert ist eine Fahrt von Waimea an die Westküste, wo um den *Polihale State Park* eine einsame Dünenlandschaft liegt.

Waimea Canyon ㉑. Seit fünf Millionen Jahren nagt die Erosion am weichen Lavagestein Kaua'is und hat im Westen der Insel eine rund 1000 Meter tiefe Schlucht ausgewaschen – den «Grand Canyon des Pazifiks». Tatsächlich ähneln die roten Steilwände von Waimea denen in Arizona. Doch Klima und Vegetation sind völlig verschieden, denn der nahe Vulkangipfel *Wai'ale'ale* gilt als einer der feuchtesten Punkte der Erde. Am Nordende der Schlucht liegen die *Alaka'i-Sümpfe*, in denen noch zahlreiche seltene hawaiische Arten leben. Das *Koke'e Museum* am Highway 550 dokumentiert die Naturgeschichte der Region. *12/13*

LANA'I

Garden of the Gods ㉒. Den Zutritt zum «Göttergarten» im Nordwesten Lana'is muß man sich erst erarbeiten: Zehn Kilometer sind es auf staubigen Schotterstraßen von Lana'i City bis zu den bizarren Felsformationen. Doch der Weg lohnt sich. Als hätten die Götter hier ein großes Spielbrett aufgestellt, stehen rote Lavafelsen wie phantasievolle Schachfiguren in einem wüstenartigen kleinen Tal.

Kaunolu ㉓. Nur noch Ruinen künden in dem alten Fischerdorf an der Südküste Lana'is von den hawaiischen Häusern und der Tempelanlage des *Halulu Heiau*. Hier lag einst die Residenz König Kamehamehas des Großen auf Lana'i. Spektakulär ist der Blick entlang der Küste mit ihren wellenumtosten Steilklippen.

Lana'i City ㉔. Die Hauptstadt Lana'is, zugleich der einzige Ort der Insel, liegt fast genau in der geographischen Mitte des Eilands. Hier, auf 500 Meter Höhe am Fuß des *Lana'ihale*, leben die meisten der rund zweitausendvierhundert Einwohner Lana'is in bunten Holzhäusern, die oft von üppig wuchernden Gärten und stattlichen Norfolk-Kiefern umgeben sind. Man trifft sich in der Hauptstraße *Seventh Street*, sei es in den kleinen Lädchen oder auf einen Schwatz in einem der beiden Cafés.

Manele Bay ㉕. Von der kleinen Hafenbucht an der Südküste verkehren täglich Fähren nach Lahaina auf der benachbarten Insel Maui. Die benachbarte *Hulupo'e Bay* bietet den unumstritten schönsten Strand der Insel samt einem Unterwasserschutzgebiet – ein Paradies zum Schnorcheln, Surfen und Baden.

Munro Trail ㉖. Die zwölf Kilometer lange Wander- und Allradroute durch das gebirgige Inselinnere von Lana'i führt über den Gipfel des 1027 Meter hohen *Lana'ihale* und eröffnet immer neue grandiose Ausblicke über die von Araukarien (Norfolk-Kiefern) gesäumten Täler des Massivs und die Küste.

1

KLISCHEE ODER PARADIES?

Hawai'i in Werbung und Film

Seit fast hundert Jahren verkörpert Hawai'i das Traumbild vom Südseeparadies. Opern wurden darüber geschrieben, schmachtende Schlager komponiert, bunte Werbebilder fotografiert. Alles, um die Inselsehnsucht der Menschen zu vermarkten.

4

2

3

1 Die Schauspielerin Maria Litto als Hulatänzerin in der Filmversion der Operette «Die Blume von Hawaii».

2 Elizabeth Taylor und Montgomery Clift in «Ein Platz an der Sonne», 1951.

3 Szene aus «Blue Hawaii» mit Elvis Presley.

4 Hulatänzerinnen in einem Gemälde von Eugene Savage aus den vierziger Jahren (Smithsonian Institute, Washington).

Schon dem sanft fließenden Namen «Hawai'i» haftet ein träumerischer Klang an, ein Hauch von Sehnsucht nach dem Paradies. Der Begriff hat sich in den Köpfen der Menschen als buntes Bild mit den verführerischsten Motiven festgesetzt: feinkörnige Strände, ein grünblau schimmerndes Meer, glutäugige Schönheiten mit Blumenkränzen in den langen, dunklen Haaren. Man denkt an Sonne, Surfen, schwingende Hüften beim Hulatanz, saftige Ananas, an klare Sternenhimmel und einen Mond, der zum Greifen nah scheint – kurz, an die Urlaubsromantik schlechthin.

Aber ist Hawai'i tatsächlich ein Traum, oder entspricht diese Vorstellung nur dem Klischeebild cleverer Werbeleute? Es stimmt wohl beides. Hätte der Archipel nicht diese einzigartige Lage mitten im Pazifik, nicht dieses ideale Klima, diese Flora und Fauna, nicht diese spektakulären Landschaften, hätte alles Werben nichts genutzt. Die systematische Reklame für Hawai'i hat das Bestehende stilisiert, übertrieben und verkitscht und damit die Sehnsucht nach dem Markenartikel Hawai'i verstärkt.

Die ersten Werbekampagnen für den Archipel begannen um 1910. In bunten Farben wurden Plakate und Postkarten mit den typischen Hawai'i-Motiven bedruckt: Frauen in Baströckchen beim Hulatanz, Surfer auf gischtenden Wellen, Pärchen in trauter Zweisamkeit im Mondenschein – und oft stand in breiten Schriftzügen «Aloha» darüber. Die idyllischen Motive wirkten besonders zu Zeiten der Weltwirtschaftskrise in den dreißiger Jahren, als sich die Menschen weltweit nach einem sorglosen Leben unter Palmen sehnten und die Flucht aus dem Alltag in die heile Welt dankbar aufnahmen. In dieser Zeit schrieb Paul Abraham (1892–1960) seine Operette «Die Blume von Hawaii», die all diese Sehnsüchte mit Schlagertiteln wie «Du traumschöne Perle der Südsee» in Worte und Melodien faßte; die Uraufführung fand am 24. Juli 1931 in Leipzig statt. Werbeslogans wie «Paradise of the Pacific» oder «It's June in December in Honolulu» lockten stetig wachsende Touristenströme auf die Inseln.

Auch Hollywood entdeckte Hawai'i: Das Bühnenstück «Bird of Paradise» von 1912, das später mit Joel McCrea und der mexikanischen Schauspielerin Dolores Del Rio in Hawai'i verfilmt wurde, löste einen jahrelangen Nachfrageboom für hawaiische Musik aus. Bing Crosby und John Wayne drehten Filme, die in Hawai'i spielten, Dean Martin und Jerry Lewis wurden im Film «Sailor Beware» nach Hawai'i verschifft, und Elvis Presley schwang 1961 in seinem erfolgreichsten Streifen «Blue Hawaii» dort die Hüften.

In den USA erlebte die Hawai'i-Werbung einen zweiten Höhepunkt im Zweiten Weltkrieg, als die Inseln für Hunderttausende von GIs, die an der pazifischen Front

gegen die Japaner kämpften, die paradiesische Verbindung zu ihrer Heimat verkörperten. Der Handel mit «Aloha-Produkten» florierte – wer nicht das Glück hatte, nach Hawai'i reisen zu können, beschaffte sich wenigstens einen tröstlichen Ersatz in Form von knallbunt gemusterten Hawai'i-Hemden, Schallplatten mit zärtlicher Ukulele- und Gitarrenmusik, Büchern, romantischen Postkarten mit dem Wahrzeichen Hawai'is, dem Berg Diamond Head auf O'ahu, leuchtendem Tand und Talmi. Ende der fünfziger Jahre brachte die Fotografie, die mittlerweile zum wichtigsten Medium der Branche geworden war, die Hawai'i-Werbung in eine ernste Krise. Das Paradies ließ sich leicht malen, mit phantasievollen Formen und leuchtenden Farben verklärt gestalten – die Fotografie aber stellte die Realität dar, so wie sie eben war, und entzauberte so manches liebgewordene Klischee. Die Konsumenten wurden immer kritischer, staunten nicht mehr mit großen Augen über die bunten Plakate mit den farbenfrohen Sonnenuntergängen. Werbung wurde ernster, sachlicher – und auf diese Weise ließ sich kein Paradies verkaufen. Erst in den letzten Jahren findet die alte Hawai'i-Reklame erneut Beachtung – die Agenturen kramen nostalgische Plakate und Werbeartikel aus ihrer Mottenkiste. Und auch wenn viele schmunzeln mögen über die für heutige Zeiten extrem kitschig anmutenden Motive, so regt sich doch nach wie vor das Fernweh in vielen Menschen, sobald der Name «Hawai'i» fällt. Denn eigentlich träumt man ja auch und gerade in unserer aufgeklärten Welt zum Ausgleich gerne ein kleines bißchen vom Paradies.

5

6

7

5 Hawai'i - Werbung aus «Harper's Bazaar», 1939.

6 «Aloha», Gemälde von Roy Lichtenstein aus dem Jahr 1962 (Öl auf Leinwand, New York, Helman Collection).

7 «Verdammt in alle Ewigkeit» mit Deborah Kerr und Burt Lancaster wurde 1953 als «bester Film» mit dem Oscar ausgezeichnet.

Haleakala National Park ㉗. Die Fahrt auf den höchsten Punkt Mauis zählt zu den ganz großen Naturerlebnissen auf den Inseln. Am Ende des Highway 378 öffnet sich auf gut 3000 Meter Höhe ein gewaltiges Panorama über ganz Maui und den Krater des Haleakala: Fast zwölf Kilometer ist er breit und 800 Meter tief, eine rotbraune, fast

1

vegetationslose Mondlandschaft. Besonders eindrucksvoll sind die phantastischen Sonnenaufgänge hier oben, hoch über den Wolken. Um sie zu sehen, muß man allerdings schon gegen vier Uhr morgens von den Hotels unten an der Küste aufbrechen. Der 11 000 Hektar große Nationalpark umfaßt den gesamten Krater und einen Großteil der unzugänglichen Ostflanke des massigen Schildvulkans Haleakala. Von den Aussichtspunkten am Highway aus führen markierte Wanderwege zu den Aschekegeln und erkalteten Lavaströmen an der Westseite. Außerdem werden geführte Ausritte in den Krater angeboten, ebenso Radtouren vom Gipfel hinab zur Küste: Auf 60 Kilometer Strecke geht es fast ausschließlich bergab. Teil des Parks sind auch die *Ohe'o Pools*, eine Staffel malerischer Teiche, und die schönen Wasserfälle an der Ostküste Mauis bei *Kipahulu*. Auskünfte über Wandertrails, Zeltplätze und Cabins im Park gibt es beim Superintendenten, Haleakala National Park, P.O. Box 369, Makawao, HI 96768, Tel. 808/572-9306. *76/77*

Hana ㉘. Bis heute leben in Hana an der abgelegenen Ostspitze Mauis viele Hawaiianer, und das winzige Farmstädchen ist eine kleine, idyllische Enklave des alten Hawai'i geblieben – umgeben von grünen Wiesen und dichtem Dschungel. Ein Erlebnis ist allein schon die Anfahrt: Auf der kurvenreichen *Hana Road* führt der Weg entlang der zerklüfteten, feuchten Nordküste, vorüber an Wasserfällen und menschenleeren Tälern. Unbedingt einen Besuch verdient der *Wai'anapanapa State Park* etwa zehn Kilometer westlich von Hana, wo der Pazifik in mächtigen Brechern gegen die schwarzen und roten Lavaklippen anrollt. Südlich von Hana liegen herrliche Strandbuchten wie etwa *Hamoa Beach*. *4/5, 34*

Kahului ㉙. Der Hafenort an der Nordküste ist mit seinem internationalen Flughafen zugleich der Hauptort Mauis – eine moderne, weitläufige Stadt mit Shopping Malls und Bürogebäuden. Sehenswert ist das A&B Sugar Museum im Vorort Pu'unene, das die lange Geschichte des Zuckerrohranbaus auf der Insel erzählt. Gleich nebenan dampft eine der letzten echten Zuckermühlen Hawai'is.

Kihei/Makena ㉚ ist eigentlich weniger ein Ort als eine ganze Strandregion an der sonnigen Südwestküste der Insel. Eine heute sehr besuchte Region, die in den letzten Jahren schnell – und leider auch sehr unkontrolliert – gewachsen ist. So ziehen sich hier in langer Reihe Hotels, Appartementanlagen und Einkaufszentren die Küstenstraße entlang. Gepflegter und exklusiver ist die Ferienzone Wailea am Südende der Kihei Road.

Lahaina ㉛. Zu Recht hat sich die einstige Walfängerstadt an der Westküste Mauis als der beliebteste Ferienort der Insel etabliert. Eine historische Altstadt, in deren nostalgischen Holzbauten heute Lokale, Boutiquen und Bars untergebracht sind, gute Hotels

1 Auf Maui. Der Basaltmonolith der 'Iao Needle ragt gut 360 Meter hoch vom Boden des engen, tiefen Tals auf, das der 'Iao Stream im Lauf von Jahrtausenden ins Gestein gegraben hat.

2 Friedlich schaukeln die Boote im Hafen von Lahaina. Im 19. Jahrhundert, als das Städtchen Zentrum des Walfangs war, lagen hier Hunderte von Schiffen vor Anker, und es herrschte quirlige Geschäftigkeit.

2

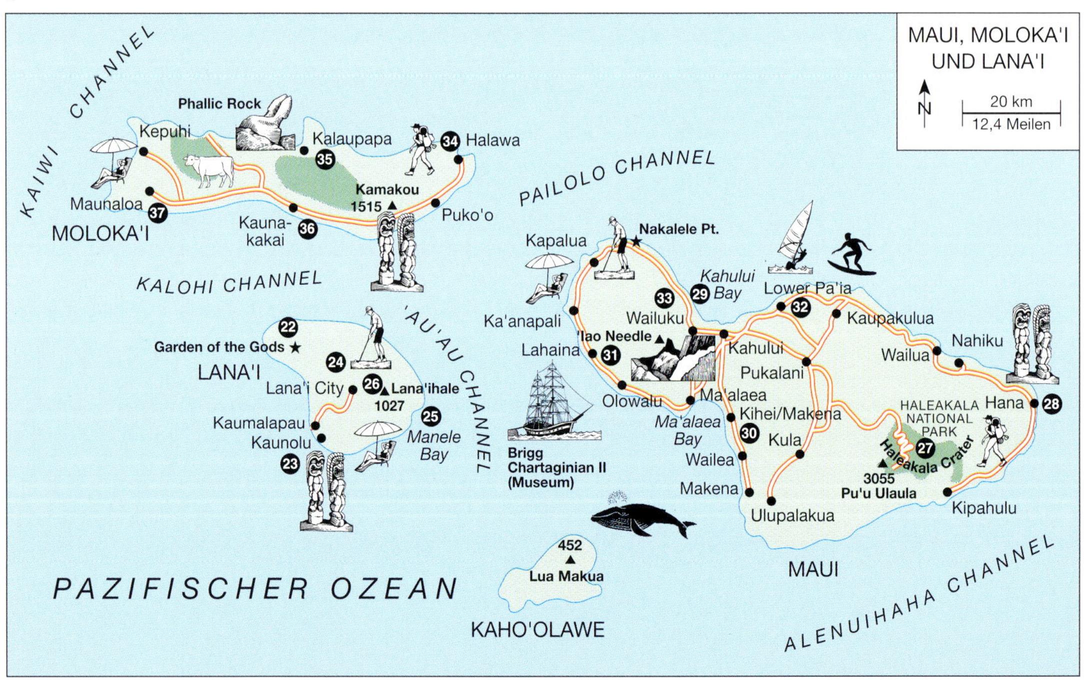

3 Blick auf den Krater des Haleakala.

4 Der «Phallic Rock» im Pala'au State Park wurde als Symbol der Fruchtbarkeit von Frauen aufgesucht, die sich ein Kind wünschten.

und Strände im Vorort Ka'anapali und quirliges Treiben in den Straßen sorgen für die richtige Urlaubsmischung. Im Ortskern blieben noch zahlreiche, heute als Museen genutzte Bauten aus der Gründungszeit der Stadt erhalten, so etwa das Missionarshaus *Baldwin Home*, der chinesische *Wo Hing Temple* oder das alte Gefängnis *Hale Pa'ahao*. Im Hafen vor dem stimmungsvollen Pioneer Inn liegt der authentisch restaurierte Zweimaster *Carthaginian II*, der wie

3

5 Das Denkmal des «Vaters» der Leprakolonie, Joseph Damien de Veuster, vor der St. Joseph's Church in Kamalo auf Moloka'i.

eines der alten Walfängerschiffe getakelt ist. Wale werden allerdings hier nicht mehr gejagt. Vielmehr legen vom Hafen aus die Boote zur friedlichen Beobachtung der Meeresriesen ab. Näheres über die Zeit der Walfänger und den Stand der Forschung über die Meeressäuger erfährt man im *Whaling Museum* des Einkaufszentrums Whalers Village in Ka'anapali. *24, 25, 28, 29*

Pa'ia ㉜. Der kleine Plantagenort an der Nordküste Mauis hat sich in den letzten Jahren zum Treff der internationalen Surferszene gemausert. Ringsum liegen einige der besten Reviere für Windsurfer, *Ho'okipa Beach* etwa oder *Spreckelsville Beach*. Hier kann man oft Weltklasseathleten bei tollkühnen Trainingssprüngen beobachten – oder sie nachher in den Bars und Cafés von Pa'ia sogar kennenlernen. *94*

Wailuku ㉝. Die historische Hauptstadt Mauis am Hang der West Maui Mountains wirkt wie eine gemächliche Kleinstadt. Im Ortskern blieb neben der *Ka'ahumanu Church* aus dem Jahr 1876 das heute als Museum genutzte *Bailey House* erhalten, welches das Leben der Missionare im 19. Jahrhundert zeigt. Von hier führt eine Straße in das tropisch grüne 'Iao Valley zu einem der Wahrzeichen Mauis: der *'Iao Needle*, einer 360 Meter hohen Felsspitze, die von dichtem Dschungel überwuchert ist.

MOLOKA'I

Halawa Valley ㉞ liegt malerisch an der Steilküste am Ostende Moloka'is und war früher ein wichtiger Siedlungsplatz der Hawaiianer. Nach mehreren Flutwellen blie-

4

5

ben jedoch nur noch überwachsene Tarofelder und eine kleine Kirche erhalten. Vom Ende des Highway 450 führt ein Wanderweg zu den *Moa'ula Falls*, die 75 Meter tief in einen dunklen Teich stürzen.

Kalaupapa National Historical Park ㉟. Die Halbinsel an der von dramatischen, über 1000 Meter hohen Steilklippen gesäumten Nordküste war rund hundert Jahre lang ein Verbannungsort für die Leprakranken Hawai'is. Von Schiffen ausgesetzt, mußten sie hier völlig von der Außenwelt abgeschnitten ihr Leben fristen. Noch heute erwecken die Friedhöfe um das Örtchen Kalaupapa eine düstere Stimmung, und Kirchen wie die von Father Damien erbaute *St. Philomena Church* bezeugen die aufopferungsvolle Arbeit der Missionare in der Leprakolonie (siehe Seite 44). Die Halbinsel steht unter Denkmalschutz und darf – aus Rücksicht auf die verbliebenen Bewohner, allesamt ehemalige Kranke – nur im Rahmen von Führungen besucht werden (Anmeldung bei «Father Damien Tours», Tel. 808/567-6171). Kalaupapa ist per Maultier oder Flugzeug zu erreichen, am schönsten aber ist die Wanderung vom *Pala'au State Park* aus. *35, 36*

Kaunakakai ㊱ ist mit dreitausend Einwohnern der Hauptort des noch wenig erschlossenen, touristisch kaum entdeckten Moloka'i. Die kleinen Hotels des Städtchens sind gute Ausgangspunkte für Touren: auf dem Highway 450 entlang der flachen, grünen Südküste, auf dem Highway 470 zum *Pala'au State Park* an der Steilküste im Norden und auf dem Highway 460 in das hügelige, trockene Ranchland im Westen. *37*

Maunaloa ㊲. Das winzige «Wildwest-Nest» ist das Hauptquartier der Moloka'i Ranch, die den gesamten Westteil der Insel umfaßt. Nicht verpassen sollte man einen Besuch der *Moloka'i Kite Factory*, die knallbunte Drachen herstellt. Zur Ranch gehört auch ein *Wildlife Park* mit Giraffen und Zebras sowie der herrliche, fünf Kilometer lange *Papohaku Beach* an der Westküste.

Der Makapu'u Beach Park erstreckt sich zwischen der Lavaküste von O'ahu mit den hohen Klippen der Makapu'u-Felsen und den kleinen Inseln Ka'ohikaipu Island und Manana Island.

O'AHU

Hale'iwa ㊳. Das flippige Städtchen an der Nordküste ist der Szenetreff der Wellenreiter auf Hawai'i. An den Stränden von *Sunset Beach* und *Banzai Pipeline* rollen hier jeden Winter die höchsten Wellen der Welt an die Küste – ein Revier für die Profisurfer. Etwas beschaulicher ist ein Besuch im *Waimea Falls Park*, einem botanischen Garten mit mehr als sechstausend Pflanzenarten und malerischem Wasserfall. *2/3, 22*

Hanauma Bay ㊴. Die smaragdgrüne Kraterbucht mit ihrem palmengesäumten Strand an der Südostküste O'ahus gilt als beliebtestes Ausflugsziel der Insel, ideal zum Baden und Schnorcheln. *64/65*

Honolulu ㊵ präsentiert sich als faszinierender Cocktail der Rassen und Kulturen aus Ost und West. Durch den hervorragenden Naturhafen in der Mamala Bay an der Südküste O'ahus wurde die um 1800 gegründete Stadt schnell zum wichtigsten Handelszentrum und – mit heute gut achthunderttausend Einwohnern im Großraum – auch zur größten Metropole im Pazifik. Trotz spiegelnder Glastürme und Bürobauten in der Innenstadt hat Honolulu jedoch seine Geschichte nicht vergessen. Hinter dem modern gestylten *State Capitol* steht in einer Parkanlage der in verspieltem Rokokostil gehaltene *'Iolani Palace*, den sich König Kalakaua 1879 erbauen ließ. Ringsum warten weitere Relikte aus den Tagen des Königreichs: die golden glänzende Statue von König Kamehameha I. gegenüber dem Palast, der Gouverneurssitz *Washington Place* von 1846 oder die 1842 aus Korallenblöcken erbaute *Kawaiahao Church*, neben der das *Mission Houses Museum* das Leben der ersten Missionare schildert.
Am Hafen kann man vom *Aloha Tower*, seit 1926 das Wahrzeichen Honolulus, einen Blick über die Stadt werfen und anschließend im *Hawai'i Maritime Center* die lange Geschichte der Seefahrt im Pazifik nachverfolgen. Einen Bummel verdient auch die *Chinatown* an der Maunakea Street am Westrand der Stadt. Von hier sind es nur einige Schritte zu den 1850 gegründeten *Foster Botanic Gardens* mit ihrer Palmensammlung. Außerhalb der Downtown sollte man das *Bishop Museum* (1525 Bernice St.) mit den weltweit besten Ausstellungen über die Kulturen Polynesiens nicht verpassen.

Kailua ㊶ auf der Ostseite der Ko'olau Mountains bezaubert durch eine weite Strandbucht mit türkis schimmerndem Wasser – ein ideales Revier zum Baden und Windsurfen. Einen Besuch lohnt am Nordende des Ortes das *Valley of the Temples*, eine Parkanlage, die als gemeinsamer Friedhof der zahlreichen Religionen Hawai'is dient. Hier steht vor malerischen Steilklippen der buddhistische *Byodo-In Temple*.

Lai'e ㊷, ein properes Landstädtchen mit gepflegten Gärten und Farmen, wurde bereits im letzten Jahrhundert von Mormonen besiedelt. Im Visitors Center des *Mormon Temple* erfährt man Näheres über diese Glaubensgemeinschaft. Interessanter ist das ebenfalls von den Mormonen geführte *Polynesian Cultural Center*, ein Freiluftmuseum, in dem sieben polynesische Dörfer nachgebaut wurden. Die »Bewohner« sind zum Teil Studenten und stammen von den jeweiligen Inselgruppen. Shows und Kanuparaden demonstrieren die Kulturen des Südpazifiks.

Nu'uanu Pali Lookout ㊸ liegt hoch am Steilabhang der Ko'olau Mountains und bietet den schönsten Blick über die Ostküste O'ahus. Hier gewann Kamehameha der Große 1795 die entscheidende Schlacht um O'ahu – die Verlierer wurden im Endkampf über die Klippen gestoßen. *6/7*

Pearl Harbor ㊹ Schon seit Anfang diesesJahrhunderts ist die Bucht westlich von Honolulu ein Kriegshafen der US-Navy. Hier lag das Ziel des japanischen Angriffs am 7. Dezember 1941, der den Eintritt der USA in den Zweiten Weltkrieg auslöste. Über zweitausend US-Soldaten kamen ums Leben. Ein weißer Brückenbau über dem während des Angriffs gesunkenen Schlachtschiff *USS Arizona* ehrt die Gefallenen.

Waikiki ㊺. Der berühmte Strandvorort Honolulus liegt vor der Kulisse des *Diamond Head Krater* am Ostrand der Metropole. Die Bucht hat seit den Tagen der hawaiischen Könige, die hierher zum Surfen kamen, nichts von ihrem Reiz verloren – doch am Strand drängeln sich heute Urlauber aus aller Welt, und dahinter ragen die Hoteltürme in den Tropenhimmel. In eleganten alten Hotelpalästen wie dem *Royal Hawaiian* oder dem *Moana Surfrider* läßt sich noch etwas vom Glanz der frühen Tage erahnen. Eine ruhige Oase im Trubel ist der *Kapi'olani Park*, in dem man bei der *Kodak Hula Show* die Tänze der Hawaiianer kennenlernen kann. Hier liegen auch das sehr sehenswerte *Waikiki Aquarium* und der *Honolulu Zoo*. *10/11, 15, 16, 17, 38, 90/91*

Windsurfer aus aller Welt zieht es an die Nordküste von Kaua'i; denn hier herrschen meist ideale Windbedingungen.

Im Kuhio Beach Park von Waikiki hat man dem Surf- und Schwimmchampion Duke Kahanamoku ein Denkmal gesetzt.

Eine Tropenlandschaft wie aus dem Bilderbuch: im Kiowea Park auf Moloka'i.

Der traditionellen Holzbildhauerei im unverwechselbaren hawaiischen Stil widmet sich die Familie Pailate auf Maui.

ZUR SCHNELLEN ORIENTIERUNG – STICHWORTVERZEICHNIS

Kursive Seitenzahlen verweisen auf Abbildungen.

Beeindruckende Naturgewalt: Lava Flow auf Big Island.

Im Lapakahi State Historical Park auf der Insel Big Island.

Statue König Kamehamehas I.

TEXTNACHWEIS

Hawaii, Nelles Verlag 1992, München: S. 1.
Den Text des Themen-Essays auf den Seiten 40/41 verfaßte die Journalistin Karin Grenzebach, die in der Touristikbranche tätig ist.
Alle anderen Themen-Essays schrieb Karl Teuschl.

BILDNACHWEIS

Archiv für Kunst und Geschichte, Berlin: S. 85 o. (2).
Archive Photos, New York: S. 40/41.
Bildarchiv Verlag C. J. Bucher, München: S. 30 u.
Hawai'i Maritime Center, Honolulu: S. 30 l.u.
Interfoto, München: S. 84 l.u., 84/85, 85 r.u.
Roland Irek, Seelze: S. 72 l.u., 74 (3).
Jürgen Kaufmann, Aaalen: S. 79 o.
Privates Archiv für Filmkunde, Köln: S. 84 l.o., r.u.
UPI/Corbis-Bettmann, New York: S. 23 (3), 40 (2), 41 (3), 56 M. und l.o.

Alle übrigen Abbildungen stammen von Christian Heeb.
Christian Heeb dankt der Swissair für die Hilfe bei der Erarbeitung des Bildmaterials sowie Holiday Inn Worldwide für die freundliche Unterstützung.

Seite 1: Korbflechterinnen im Waimea Falls Park auf O'ahu.

Die Karten auf den Seiten 66, 67, 80, 82, 86 und 87 zeichnete Astrid Fischer-Leitl, München; die Kartenpiktogramme stammen von Almud Kunert, München.

Die meteorologischen Daten der Klimatabelle auf Seite 68 lieferte der Deutsche Wetterdienst, Seewetteramt Hamburg.

Wir danken allen Rechteinhabern und Verlagen für die freundliche Erlaubnis zum Nachdruck. Trotz intensiver Bemühungen war es nicht möglich, alle Rechteinhaber zu ermitteln. Wir bitten diese, sich an den Verlag zu wenden.

Alle Angaben dieses Bandes wurden von den Autoren sorgfältig recherchiert und vom Verlag auf Stimmigkeit und Aktualität geprüft. Allerdings kann keine Haftung für die Richtigkeit der Informationen übernommen werden. Für Hinweise und Anregungen sind wir jederzeit dankbar. Zuschriften bitte an Verlag C. J. Bucher, Lektorat, Goethestraße 43, 80336 München.

EDITION USA · TRAUMZIEL AMERIKA
HAWAI'I

Konzeption: Axel Schenck
Lektorat: Lucia Eppelsheim, Georg Hohenester
Bilddokumentation: Urte Ehlers
Graphische Gestaltung: Martina Lingler
Herstellung: Angelika Kerscher, Armin Köhler

Technische Produktion:
Fotosatz, DTP im Verlag; Layout & Grafik 1000 GmbH, München
Bentrup Druck, Bielefeld

Printed and bound in Germany
ISBN 3 7658 1114 9

Christian Heeb, 1962 in St. Gallen geboren, arbeitet als internationaler Reisefotograf für Magazine und Buchverlage weltweit. Er ist Bildautor von über fünfzig Büchern. Er lebt in Bend, Oregon, USA, und St. Gallen, Schweiz.

Karl Teuschl, 1955 geboren, Studium der Phonetik, Amerikanistik und Anthropologie. Seit 1984 freier Autor und Reisejournalist. Zahlreiche Buchveröffentlichungen. Autor und Mitautor mehrerer Bände im Verlag C. J. Bucher mit dem Schwerpunkt USA und Kanada.

Ulrich Weissbach, geboren 1949, bereist seit 1983 den südpazifischen Raum. Zweiter Wohnsitz in Neuseeland. Herausgeber der Reiseführerreihe PACIFICIA, in der bisher folgende Titel erschienen sind: Südsee (1994), Hawaii (1995) und Neuseeland (1996).

Ebenfalls in dieser Reihe erschienen:

Amerika in exklusiven Bildbänden:

WASHINGTON
MONTANA
NORTH
OREGON
IDAHO
SOUTH
WYOMING
NE
NEVADA
UTAH
COLORADO
CALIFORNIA
ARIZONA
NEW MEXICO
ALASKA
HAWAI'I